Dit is mijn wijk niet...!

Voor Carly *Met wie ik het allerliefst uit eten ga, maar die nooit mijn volledige aandacht krijgt, omdat ik steeds kijk naar de bediening, het eten en het restaurant.*

Wouter Verkerk

DIT IS

93 eye-openers

MIJN

over gastvrijheid en horeca

WIJK

in 25 blogs

NIET...!

VOORWOORD BIJ HET VERSCHIJNEN VAN DE ZEVENDE DRUK

Als kind wist ik al dat later als ik groot zou zijn, ik in de horeca zou gaan werken. Steeds als ik met mijn ouders meeging, raakte ik betoverd door de bijzondere sfeer in de restaurants, op terrassen of in een café. In de ogen van een kind is het in de horeca altijd feest en dat gevoel krijg ik bij sommige zaken nog steeds! Ik raak in extase van mooie zaken en puur gastheerschap. Maar ik kan ook drie dagen chagrijnig zijn van een slechte ervaring.

In Nederland kennen we meer dan 40.000 horecabedrijven en aanverwante ondernemingen. De ene zaak is de andere niet, maar in de ogen van veel gasten hebben ze allemaal wel iets met elkaar te maken. Eeuwenoude zaken die ooit de deuren openden als herberg, fonkelnieuwe *pop-up* concepten die geopend zijn gedurende een maand of drie: het is allemaal horeca! De gast wordt op iedere plek geconfronteerd met een andere vorm van gastvrijheid. Gelukkig wel.

In dit boekje heb ik een selectie van 25 blogs opgenomen die ik in de afgelopen jaren geschreven heb en op wouterverkerk.nl heb gepubliceerd. Alle blogs gaan over gastvrijheid en horeca, maar kunnen met gemak worden vertaald naar andere branches.

Gastvrijheid draait om geven, om helpen, om controle en vertrouwen. Als je dat eenmaal ziet, zie je het nooit meer niet.

Amsterdam, september 2018

Wouter Verkerk

Copyright © 2014 Wouter Verkerk, Verkerk Bartstra
Auteur: Wouter Verkerk

Zevende druk, september 2018

Uitgever: Wouter Verkerk
Redactie: Marije Smit en Haags Bureau
Ontwerp omslag en binnenwerk: Haags Bureau (Paul Scholte)
Foto auteur: Maud Fontein Fotografie
Druk: www.pumbo.nl

Blogs

Trefwoorden: Gastvrijheid, gasten, horeca, beleving
ISBN 978-90-822199-0-6

www.wouterverkerk.nl
www.verkerkbartstra.nl
www.horecabo.nl

Dit boekje is een uitgave van Verkerk Bartstra, het bureau voor gastvrijheid van Wouter Verkerk. Voel je vooral vrij om teksten over te nemen, te gebruiken en te delen met collega's en anderen. De schrijver zou het op prijs stellen als je vertelt hoe je aan de tekst komt en wie deze heeft geschreven.

Veel van de teksten uit dit boekje zijn eerder gepubliceerd op de blogsite van de schrijver: www.wouterverkerk.nl.
De teksten in dit boekje zijn soms herzien en soms aangepast.

INHOUD

1	Onbewust een eikel	08
2	Vol-terrasbehandeling	10
3	Ik wil graag klachten!	12
4	Vakantiesfeer	16
5	Hoogstpersoonlijk	18
6	Weg in de pauze	20
7	Vega	22
8	Geen probleem is een probleem	24
9	De pakezel en het feestvarken	26
10	Dit is mijn wijk niet…!	28
11	Een ontmoetingsplek	30
12	Bordjes	34
13	Een diamanten les	36
14	Zin in!	38
15	Helderziende ober	42
16	De trotse Franse ober	44
17	De verkeerde vertaling	48
18	Vertrouwen en controle	52
19	Eten is seks!	54
20	Eerlijk en echt	58
21	Het mengpaneel	62
22	Bij ons	66
23	Een broodje hetzelfde	68
24	Hier krijgt iedereen koffie	70
25	Een heel mooi café	74

Recent verschenen op Wouterverkerk.nl
Rookhok 76
Horeca en kraanwater. Zo lossen we dat voor altijd op! 78
'Helemaal goed!' 80

Eerder verschenen boeken van Wouter Verkerk 83

1 ONBEWUST EEN EIKEL

Ik denk weleens dat al dat gepráát over gastvrijheid de branche niet veel gastvrijer maakt. Onbewust ongastvrij zou bewust gastvrij moeten worden en daarna onbewust gastvrij. Toch? En hoe ga je daar dan mee om in je bedrijf? Welke woorden die bij gastvrijheid horen, althans vaak als zodanig opgesomd in al die gastvrijheidsdiscussies, komen ook daadwerkelijk terug in jouw gedrag? Kun je onbewust gastvrij zijn als je nu eenmaal onbewust een eikel bent? Nee! Volgens mij niet.

Ik heb weleens een zelfbenoemd gastvrijheidsexpert zijn auto zo asociaal zien parkeren dat er echt niemand meer over de stoep kon lopen, en misschien wel erger, geen voorbijganger het restaurant nog kon zien omdat hij zo graag voor de deur van zijn klant wilde parkeren. Ook ken ik veel verhalen over horecaondernemers die het nog steeds niet zo nauw nemen met maatschappelijk thema's, voedselveiligheid en hygiëne. En weet je, vaak zijn ze zich van geen kwaad bewust. Onbewust een eikel, en gewoon niet snappen wat er aan schort. Lekker na een dienst van acht uur aan de bar bier gaan drinken en twee stagiaires de klok laten rondwerken en nog even een zaaltje laten bouwen. *'Daar leren ze van.'* Hoe kan je dan ooit onbewust gastvrij naar gasten zijn? Dan ben je toch gewoon een eikel?

'Als je geen horecamens bent, kun je het ook niet worden.' Een veelgehoorde uitspraak van échte horecaffers, tenminste, dat vinden ze zelf.
Ten dele zit daar best wel wat in. Maar wie bepaalt dat dan? Nou, volgens mij wordt dat bepaald door de zeer bewuste gast van vandaag, en zeker door die van morgen. De gast van morgen vindt het echter veel minder belangrijk hoeveel borden je in één keer kan debarrasseren dan de doorgewinterde horecamensen denken, of dat je heel veel

uren kunt werken. En die gast is ook niet onder de indruk van de theoretische kennis van gastvrijheid en horecavaardigheden.

De gast wil maar één ding voelen: dat je het meent. Dat je aandacht aan hem besteedt en dat je dat niet doet voor een compliment, niet voor je geld, niet voor een prijs, niet voor de omzet maar omdat het uit jezelf komt. Omdat je voldoening krijgt van geven, en omdat je vindt dat geven eigenlijk veel leuker is dan krijgen. Het mooiste compliment dat mensen je kunnen geven is dat je uitstraalt dat je er plezier in hebt. Dat compliment krijg je nooit bij bewust gastvrij gedrag. Het is wel beter dan onbewust ongastvrij, maar het scheelt niet veel. Doen alsof brengt zelden bevrediging. Wat is gastvrijheid? Plezier hebben in geven en helpen. Wat is de rest? Gepraat!

1. **Bewust gastvrij en onbewust een eikel, onhandige combinatie!**

2. **Ben je gastvrij, of doe je gastvrij?**

3. **Een gast wil maar 1 ding: jouw oprechte aandacht.**

4. **Gastvrijheid = Plezier hebben in helpen en geven.**

2 VOL-TERRASBEHANDELING

Een gast is soms net een mens, en heeft er dus begrip voor dat je serviceniveau is aangepast aan de omstandigheden. Voorbeeld: dat er moeite is genomen om koffie te regelen midden in het bos in een korte pauze tijdens een herfstwandeling is toch fantastisch! Niemand zal zeuren dat er geen espressomachine is, laat staan dat mensen zullen vragen om een Latte Macchiato. Filterkoffie uit een thermosfles is op deze locatie pure verwennerij!

Nog een voorbeeld: een terras midden in Amsterdam met heel veel tafeltjes op een steile brug over een van de mooiste grachten van de stad, waar de bediening, voor ze je tafel bereikt niet alleen een straat moet oversteken, maar ook die steile brug moet beklimmen. En dat terras hoort bij een niet heel grote zaak. Daar verwacht ik als gast al dus iets anders dan op een klein terrasje bij een luxe restaurant en ben ik al blij dat de medewerker de hindernisbaan naar mijn tafel zonder kleerscheuren volbrengt. Gasten gaan hier zitten voor de zon en de unieke locatie, niet voor het verfijnde horecaconcept. Met een kop koffie zijn ze al blij.

In het najaar is het natuurlijk anders. Geen terras meer voor de deur en geen vergevingsgezinde zon en bijzondere omstandigheden. Dan verwachten gasten terecht méér.

Afgelopen november ging ik er naartoe. Een haast bizarre ervaring, om in een klein cafeetje met weinig gasten toch een *vol-terrasbehandeling* te krijgen.
Een vol-terrasbehandeling? Ja, dat is een klein assortiment, *makkelijke* gerechten, goedkoop glas- en aardewerk, sausjes in disposable bakjes, grote lelijke debarrasseer-kratten waar vuil servies lekker hard

in wordt gesmeten, koffiemachine niet tussendoor schoonmaken (een grote klomp aangekoekt melkschuim aan het stoompijpje) en vooral heel hard rennen door de zaak en op *lastige vragen* standaard *'Nee'* antwoorden. En dat allemaal zonder een tafel op de brug in de zon, enkel in een slecht onderhouden café zonder sfeer.

Dit soort zaken doet er goed aan om in de wintermaanden te genieten van een welverdiende vakantie. Of, wakker worden en heel goed nadenken over een goede winteraanpak. Dan hoef je ook niet in aanwezigheid van je gasten zo te klagen over hoe rustig het is...

5 **Als het druk is vergeven gasten je alles!**

6 **Als het rustig is verdienen gasten juist meer aandacht, dat verwachten ze ook.**

7 **Waar je bij drukte mee wegkomt, gaat in een rustige zaak de gast juist om die dingen zelf weg.**

8 **Gasten houden van uitzonderingen, je hoeft niet het hele jaar hetzelfde te doen!**

3 IK WIL GRAAG KLACHTEN!

In een land waar een goede klachtenbehandeling in de top drie staat van redenen waarom we bedrijven waarderen, mag je concluderen dat we hebben geaccepteerd dat er weleens een foutje wordt gemaakt. Sterker nog, als een goede klachtenbehandeling zo vaak voorkomt in een dergelijk onderzoek, ben ik geneigd te concluderen dat we er eigenlijk vanuit gaan dat er fouten worden gemaakt. We waarderen de bedrijven waar de fouten goed worden hersteld en klachten worden opgelost. Om deze uitdaging aan te gaan moet een klacht wel bekend worden gemaakt.

Vorige week heb ik een horecabedrijf geadviseerd een doel te maken van meer klachten. Dat klinkt wat vreemd, maar toch denk ik dat het veel oplevert. Zeker wanneer je een excellente afhandeling daarvan aan het doel verbindt. Door te accepteren dat er altijd zaken beter kunnen, en gasten die met suggesties daartoe komen serieus te nemen, word je een winnaar. In iedere zaak botsen er weleens verwachtingen van gasten met de uitvoering, en in iedere zaak verlaat er weleens een gerecht de keuken dat de persoonlijke goedkeuring van de chef eigenlijk niet had kunnen wegdragen. Dan is het wel fijn als we daar van kunnen leren, en dat deze klachten ook echt komen bovendrijven.

Uit onderzoek blijkt dat slechts twee van de tien gasten met een minder goede ervaring in een restaurant dit ook eerlijk zeggen wanneer er wordt gevraagd of *'alles naar wens'* is geweest. Door een doel te maken van *meer klachte*n mik je op de acht mensen die nu vaak stilletjes knikken wanneer je informeert naar de tevredenheid. Wanneer je het voor elkaar krijgt deze mensen aan de praat te krijgen, kan het bijna niet anders dan dat de tevredenheid toeneemt. Gasten en klanten waarderen bedrijven immers in toenemende mate op de wijze waarop zij omgaan met klachten.

Het is belangrijk dat er onder collega's een cultuur ontstaat waarin je fouten en klachten met elkaar kunt bespreken en oplossen, zonder dat je bang hoeft te zijn daarop persoonlijk afgerekend te worden. Dat laatste is volgens mij namelijk de reden waarom er in de meeste bedrijven zo knullig wordt omgegaan met klachten. De meeste medewerkers zijn bang voor hun eigen hachje en doen er alles aan om klachten buiten het oog van de eigenaar op te lossen. Beter gezegd: niet op te lossen. Daarmee wordt het ontevreden gevoel van de gast niet alleen groter, maar ook de klachtenlijst langer, omdat er ook nog *slechte klachtenbehandeling* aan toegevoegd wordt.

Door klachten en de excellente afhandeling daarvan als doel te stellen, denk ik dat medewerkers veel minder de neiging zullen hebben deze onder het tapijt te vegen.
Ze zullen met nog meer rust en interesse aan gasten vragen naar hun ervaringen, en nog actiever op zoek gaan naar verbeterpunten. Wanneer zij iets ontdekken wat voor verbetering in aanmerking komt, kunnen zij hier direct iets aan doen en de gast verrassen met begrip, aandacht en een fantastische oplossing.

Maar zal deze focus en extra aandacht voor klachten er dan voor zorgen dat meer mensen zullen klagen? Ik hoop het wel! Want een klacht is een fantastische gelegenheid om gasten een goede ervaring te bezorgen. Bovendien is het natuurlijk niet zo dat een ontevreden gast die nu nog zijn mond houdt, de klacht echt voor zich houdt.

Hij zal zijn slechte ervaringen vast wel met iemand anders delen. Bijvoorbeeld met zijn tafelgenoten, collega's, buren en vrienden. Rechtstreeks of via Twitter en Facebook. Als ik zou mogen kiezen, heb ik liever dat deze gast vertelt over de fantastische reactie en oplossing voor de onvolkomenheid. Jij toch ook?

9 **Een klacht gaat over vertrouwen; vertrouwen kun je herstellen.**

10 **Maak nieuwe beloftes en kom die wel na; het vertrouwen neemt dan toe.**

11 **Als de sfeer na een klacht ongemakkelijk wordt, ligt dat bijna nooit aan de gast!**

12 **Een gast vindt het niet erg om te klagen, wel om geen goed antwoord te krijgen.**

13 De ergste klacht is een klacht over de klachtafhandeling.

4 VAKANTIESFEER

Het is in andere landen helemaal niet beter of slechter. Het stokpaardje van vakantiegangers die terugkomen uit een warm buitenland: *'Daar snappen ze nog wat gastvrijheid is...'*. Vaak valt het in dezelfde categorie als die heerlijke wijn die je in Frankrijk bij het boertje koopt. Daar in Frankrijk in vakantiesfeer is de wijn inderdaad zalig, maar thuisgekomen de meegenomen fles in je eigen omgeving drinken is niet aan te raden. *'Niet te drinken. Bocht.'*

Het is niet zo Nederlands om open en bloot te praten over je eigen energie, gevoeligheid en sfeerbeïnvloeding. Daar zijn we te nuchter voor, zeggen we. Toch worden we steeds geconfronteerd met onze eigen energie en de sfeer die daardoor wordt beïnvloed. Ontspannen tijdens een vakantie met het hele gezin, even geen zorgen over je werk, je huis en je auto, volop genieten van de zon, het strand en de mooie Franse dorpjes. Niet zo gek dat je dan bij terugkomst de loftrompet afsteekt over de vriendelijke mensen in de horeca, de heerlijke wijn en de fantastische kwaliteit van het eten.

In Frankrijk eten we graag een *plat du jour*. Typisch Frans rundvlees met een randje vet, een simpele groene salade en van die Franse frietjes, die een beetje slap zijn. Hetzelfde menu zou in een Nederlands eetcafé direct worden teruggestuurd door deze gasten. *'Het vlees is taai en er zitten allemaal vette randjes aan, de salade is veel te zuur en de frieten zijn slap en zwemmen in het vet. En de mayo is ook niet goed!'*

'In Italië zijn ze zo lekker relaxed, je hebt eerst lekker de tijd om te gaan zitten en rustig te kijken wat je wilt drinken, zonder dat er gelijk een ober bij je staat.' Typisch een verslag van de ontspannen vakantieganger, want een

soortgelijke opstelling van Nederlandse terrasbediende zou direct het commentaar opleveren dat je *'daar uren op je drankje moet wachten, terwijl ze niks te doen hebben!'*.

Gastvrijheid is een wisselwerking en een slechte sfeer is zelden de schuld van alleen de bediening. Wel behoort het vermogen om de sfeer dusdanig te beïnvloeden dat deze door de gast als welkom wordt ervaren, tot de fijne kneepjes van het vak. Mijn stelling is dat die buitenlandse vakantie-obers bijna nooit op de proef worden gesteld; ze hebben immers allemaal blije en gelukkige gasten. Wel verdient het aanbeveling voor de bediening om goed over dit verschijnsel na te denken. Het bewijst namelijk wel dat een vakantiesfeer leidt tot tevreden gasten!

14 Sfeer is de belangrijkste beïnvloeder van de ervaring van de gast.

15 De sfeer is te beïnvloeden van aankomst tot vertrek.

16 Bij het onbekende is de sfeer meestal goed; als niet aan de verwachtingen wordt voldaan gaat het mis. Vraag dus vaker naar verwachtingen, en kom daar waar mogelijk aan tegemoet!

5 HOOGSTPERSOONLIJK

Even beginnen met een lastige zin: *'Vertrouwen is de basis van de bereidheid van een gast zich te ontspannen en jouw gastvrijheid te ervaren.'* Dus als iemand het gevoel heeft op zijn *qui vive* te moeten zijn, dan lukt het niet om te ontspannen en dan krijg je een lastige gast.

Een gast op een terras gaat vervelend doen als hij het gevoel heeft dat het niet goed komt en te lang moet wachten op een drankje, laat staan op een ober die dat drankje nog moet komen opnemen. Daarom lijkt zo'n gast vaak wel wat op een vogelverschrikker, die met zijn wapperende armen en hoofd er alles aan doet om jouw aandacht te trekken.

Een gast die jou op voorhand al vertrouwt, bijvoorbeeld omdat hij je al kent, is veel gemakkelijker en geeft je bij onvolkomenheden het voordeel van de twijfel. Het gevoel dat een gast jou al kent, kun je hem ook geven door wat persoonlijker over te komen in je uitingen. Op veel websites kan ik niet zien van wie die zaak eigenlijk is en wie er werken. Dat is volgens mij een gemiste kans, omdat ik in die informatie ben geïnteresseerd als ik ergens ga eten. *'Hoe zit het daar? Wat is de visie op eten en drinken? Wie is de baas, en hoe hebben ze het geregeld?'*

Gasten krijgen vertrouwen door een persoonlijke band met een horecaondernemer of -medewerker. Veel horecamensen merken dat iedere dag. Vaste gasten willen graag even een handje en een woordje van de *baas* of de *man achter de bar* en komen regelmatig terug omdat ze daar iets vertrouwds vinden: persoonlijk contact. Wanneer mensen je kennen en weten wie je bent, gaan ze ervan uit dat je ze niet bedondert en goed voor ze zal zorgen. Dat het allemaal wel goed zit.

Dat vertrouwen hebben gasten niet een-twee-drie bij bedrijven waar ze voor het eerst komen en waar ze nog niets van weten. Dat gevoel moet dan groeien. Vergeet niet dat de reputatie van horecabedrijven er door de verschillende televisieprogramma's en vleesschandalen er niet beter op is geworden.

De trend is overal zichtbaar, ook bij het boodschappen doen. Mensen zoeken naar persoonlijkere alternatieven voor de supermarkt. Ze willen kleinschalige bedrijven en voedsel met een verhaal. Dus terug naar de verschillende winkels in een straat of op het web, met eigenaren en medewerkers die hart hebben voor hun zaak. Met producten waar ze voor leven. Ambachtslieden. *'Maar déze tomaten vind ik wél lekker!'*

Dat zelfde gevoel zoeken mensen ook in een goede horecazaak. Wie ben je? Waarom doe je wat je doet? En hoe doe je dat? Als je dat bijvoorbeeld op je website al vermeldt, en ik kies voor jouw zaak, dan heb ik het volste vertrouwen in je en kan ik ontspannen en genieten van je gastvrijheid.

17 **Maak je werk persoonlijk.**

18 **Vaste gasten zijn de kurk waar je zaak op drijft.**

19 **Ga staan voor je bedrijf en draag het uit.**

20 **Onthoud gasten!**

6 WEG IN DE PAUZE

Mensen zeggen weleens dat ze graag op een terrasje zitten om *'naar mensen te kijken'* maar ik verzeker je, ze bedoelen: *'naar mensen in de bediening kijken'.* Iemand in de bediening kan niets doen zonder dat het een gast opvalt. En als iemand of iets anders meer aandacht krijgt dan die gast, dan reageren veel gasten heel primair: dan worden ze jaloers.

Mensen zijn gevoelig voor van alles in een restaurant, en bovendien springen ze steeds voorzichtiger om met hun geld. Je kunt het maar één keer uitgeven en liever niet op een plek waar het je toch niet zo goed bevalt. Gasten lassen daarom steeds vaker een pauze in. Net als bij een tegenvallende theatervoorstelling, kan je besluiten om in de pauze te vertrekken.

Laatst gebeurde mij dat ook. Na een strandwandeling gingen we naar een mooie beachclub met het voornemen eerst een kop thee te drinken om op te warmen, en daarna lekker aan de borrel met happen te gaan. We waren getuige van het ombouwritueel van dag naar avondsetting, en de medewerkers bevonden zich in een dans die volgens mij moest leiden tot *Glassex*. Of interpreteer ik het natspuiten van elkaar met dat spul nu op de verkeerde manier?
Doordat de bediening zich met name concentreerde op zichzelf en op procedurele taken kon het gebeuren dat wij 14 minuten moesten wachten op onze thee, terwijl er buiten ons slechts zes gasten aanwezig waren. Ik had inmiddels al gevraagd om de menukaart, waarop onbedoeld van bijna alle gerechten al een voorproefje terug te vinden was. Dat verklaarde natuurlijk ook de prominente rol van de *glassex*. Maar wij hadden genoeg gezien en vertrokken dus in de pauze. We hebben het bij de thee gelaten.

Wanneer de sfeer bij binnenkomst niet goed is, en ik me als gast alles behalve welkom voel, dan val ik natuurlijk veel sneller over zaken waar ik me anders minder snel aan zou storen. Er komt geen betovering tot stand, dus val ik over een vieze menukaart, veel te dure hapjes (40 gram Pata Negra voor €14,50 en dat vermeld op een geplastificeerd tafelkaartje dat ook al niet schoon is) en medewerkers die openlijk een verleidingsdans opvoeren.

21 **Het is niet vanzelfsprekend dat een gast die binnen is, ook binnen blijft.**

22 **Wees alert op de momenten dat een gast in de pauze zou kunnen vertrekken. Na een kop thee of koffie, na een borrel, na een hoofdgerecht, na een dessert, na de koffie.**

23 **Ieder bezoek kan leiden tot een vervolg.**

24 **Een gast ziet alles!**

7 VEGA

Al zolang ik mij kan herinneren bestaat er een moeizame relatie tussen horeca en gasten met vegetarische wensen. Het was voor chefs altijd lastig om op het laatste moment een vegetarisch alternatief te verzinnen en nog niet zo lang geleden hadden de meeste restaurants niet eens vegetarische gerechten op de kaart staan. Halverwege de jaren negentig, toen ik mijn eerste stappen in de Nederlandse horeca zette, was *gevulde paprika* nog synoniem voor *vegetarisch*.

Er is iets gaande in Nederland. Mensen eten graag wat bewuster, denken na over duurzaamheid en over de productie en herkomst van producten. Ook staat het idee van de bioindustrie bij een groeiende groep mensen ter discussie. En wat te denken van de maatschappelijke zorgen over het weggooien van eten en manieren om dat tegen te gaan. Steeds meer mensen noemen zichzelf een *flexitariër*. Dat zijn mensen die geen vegetariër zijn, maar wel veel minder vanzelfsprekend vlees eten. Bijvoorbeeld maar één keer per week.

Horecabedrijven lijken niet allemaal even makkelijk deze signalen op te pikken, en natuurlijk is er ook een groot aantal zaken waar men juist voor het vlees naartoe gaat. Toch denk ik dat alle horecabedrijven eens kritisch moeten nagaan hoe in 2015 hun kaart er in dit licht uitziet. Veel gasten maken graag de keuze voor een alternatief zonder vlees, maar dan moet dit natuurlijk wel op de kaart staan. Een zin als: *'Voor onze vegetarische gasten maakt onze chef graag een speciale creatie,'* klinkt mij iets te 1998.

Wanneer gasten de keuze hebben uit gerechten met en zonder vlees, is het helemaal niet duidelijk of een gast die een vleesvrije keuze maakt zichzelf ook een *vegetariër* noemt. Voor de gast is dat bovendien veel plezieriger, want hij hoeft zichzelf niet meer te presenteren als *de uitzondering* en de rest van de avond ook door de bediening als zodanig worden benaderd. Een betalende gast die zich haast verplicht voelt zich te verontschuldigen omdat hij of zij een bepaalde wens heeft, is gelukkig niet meer van deze tijd.

Er komt nog iets bij. Het is één van de taken van een horecazaak mensen te inspireren. Daar heb ik het vaker over omdat ik denk dat het een manier is om de continuïteit van je bedrijf te waarborgen. Het zorgt er namelijk voor dat je gasten vaker komen. Het is goed om je visie op de kwaliteit en de vorm van voedsel te ontwikkelen en gasten daar kennis mee te laten maken. Dat doen we gelukkig al voortdurend, want anders zouden de *Sole Picasso* en de *Holsteiner Schnitzel* nog regelmatig prominent op de kaart van het gemiddelde restaurant staan.

Maar wat zijn dan de gerechten die zullen gaan behoren tot de klassiekers van de komende 15 jaar? Ik ben ervan overtuigd dat daar gerechten bij zullen staan die niet *per se* een hoofdbestanddeel van vlees of vis zullen hebben. Omdat het niet hoeft, en omdat het op de lange termijn ook niet meer kan.

25 **Er zijn awardwinnende restaurants die alleen maar salades verkopen (SLA).**

26 **Niet iedereen die vega bestelt is vega.**

27 **Een goed vegetarisch gerecht kan goede marge opleveren.**

8 GEEN PROBLEEM IS EEN PROBLEEM

In een Amsterdams restaurant werden mijn vrouw en ik laatst uitstekend geholpen door een vakman waarvan we er te weinig hebben in de horeca. Een beetje ouder en waarschijnlijk een beetje duurder, maar veel attenter en veel professioneler, waardoor wij veel rustiger en meer op ons gemak waren. Wij bestelden ook meer drankjes omdat hij steeds in de buurt was en ons steeds kon bijschenken. Eigenlijk denk ik dat onze gastheer die paar euro's die hij per uur meer kost dan een vijftien jaar jongere medewerker, in elk eerste kwartier zichzelf gemakkelijk terugverdient. Had ik dan helemaal niets op deze man aan te merken? Natuurlijk wel! Hij gebruikte als stopwoordjes: *'geen probleem'.*

Iemand die heel vaak *'geen probleem'* zegt, bedoelt dat denk ik heel gastvrij. Hij wil er mee zeggen dat alles mogelijk is en dat hij nergens een probleem van zal maken. Toch krijg ik het gevoel dat mijn vraag afwijkt van de norm. Dat ik heel lastig ben en heel rare vragen stel, maar dat hij er *'geen probleem'* van zal maken. Gastheer: *'Wilt u de wijnkaart zien?'* Ik: *'Nee dank u, ik drink graag bier.'* Gastheer: *'Geen probleem.'* Met andere woorden: *'Wie gaat er nou bier bij het eten drinken, idioot! Maar goed, ik zal er geen probleem van maken...'* Gastheer: *'Heeft u een keuze gemaakt?'* Ik: *'We zouden graag eerst iets kleins willen bestellen, en daarna opnieuw kijken naar een volgend hapje.'* Gastheer: *'Geen probleem!'* Met andere woorden: *'Wie bestelt er nu niet gewoon alles in een keer, maar goed, ik zal er geen probleem van maken... 'Meneer, zouden wij de rekening mogen ontvangen?' 'Geen probleem!'* Met andere woorden: *'Wel een beetje raar dat u geen nagerecht bestelt, maar ik zal er geen probleem van maken...'*

Door te zeggen dat iets geen probleem is, zeg je dus eigenlijk dat iets wel een potentieel probleem is, maar dat jij dat anders aanvliegt. In sommige gevallen is dat goed. Iemand die een reservering voor twaalf man pas een dag van tevoren afzegt, omdat hij bij de buren een goedkoper menu heeft gezien? *'Geen probleem!'* Een terras met drie volwassenen en vier kinderen waar de ouders zelf drankjes voor hebben meegebracht? *'Geen probleem!'* Je hoopt door het woord *'probleem'* even te noemen dat mensen er een volgende keer even over zullen nadenken. Want dan gebruik je *'geen probleem'* als een hint.

28 Als iets geen probleem is, noem het dan ook geen probleem.

29 Gasten willen graag geholpen worden, en niet per se gematst!

30 Gasten helpen, is iets anders dan iets regelen.

9 DE PAKEZEL EN HET FEESTVARKEN

Wanneer iemand een restaurant, hotel of café uitkiest waar hij zijn gasten wil ontvangen voor een verjaardag, een diner of een receptie, dan gaat het altijd om een speciale dag. Hij wil zijn vrienden, familie of relaties een ontvangst geven die thuis niet kan. En hij heeft de moeite genomen een plek uit te zoeken die echt passend is. Voor jou als horeca-ondernemer een groot compliment dat de keuze op jouw bedrijf is gevallen en bovendien biedt het een enorme kans!

In plaats van te vechten voor iedere nieuwe gast die kennis met je bedrijf maakt, is een ambassadeur zo vriendelijk er in één klap een heel stel tegelijk uit te nodigen. En het leuke is, je hoeft daar niets voor te betalen, hij betaalt jou ervoor! Dat is wat je noemt een gouden kans, want het gaat altijd om de mogelijkheid om je naamsbekendheid flink uit te breiden en vaak ook om de kans op nieuwe gasten in de toekomst. De slimme ondernemer zet dus óók om die reden zijn beste beentje voor.

En het feestvarken? Ja, die verdient natuurlijk helemaal een vlekkeloos verblijf met alle hulp die daarbij hoort. Veel mensen kennen het gevoel afhankelijk te zijn van attente bediening wanneer zij moeten staan om felicitaties in ontvangst te nemen. Als er niet af en toe iemand in de gaten houdt of het de hoofdgast aan iets ontbreekt, kan het zomaar gebeuren dat hij op zijn eigen feest de enige is die (nog) niets heeft gegeten of gedronken.

De meeste ondernemers snappen precies wat hier staat beschreven en brengen die boodschap ook goed over op hun team. Toch zie ik vaak dat de puntjes op de i jammerlijk worden vergeten. Aan het einde van de avond zie je de jarige, de jubilaris of de gepensioneerde gebukt onder een grote berg kistjes wijn, bloemen, planten en boeken de zaak verlaten. Zou het nou niet ontzettend fijn zijn als de medewerkers dan vragen: *'Meneer de Vries, zullen wij de cadeaus die u heeft ontvangen vanavond of morgen even bij u thuis bezorgen?'*

Wat er ook gebeurt, blijf je gasten behulpzaam tot aan het einde van de avond, en liefst nog iets langer. Zo blijft de mooie belevenis langer in stand en wordt deze niet beïnvloed door de nare nasmaak van een verrekte rug in de laatste drie minuten van een geweldig verblijf. Geen gast vindt het leuk om voor pakezel te spelen, zeker niet als hij de hele avond het feestvarken is geweest!

31 Door op het laatste moment met een enorme verrassing te komen, wordt een evenement voor de gastheer echt onvergetelijk.

32 Iemand die in jullie zaak iets viert is een echte ambassadeur.

33 Het feestvarken mag niet als pakezel naar huis.

10 DIT IS MIJN WIJK NIET...!

Het is misschien wel de grootste ergernis die er bestaat over de bediening op een terras of in een restaurant. Als je ze iets vraagt, dan zeggen ze gewoon dat ze je niet kunnen helpen. *'Dit is mijn wijk niet...!'*

Nu zouden de meeste mensen die zich daar zo aan storen natuurlijk eens goed in de spiegel moeten kijken. Volgens mij maken veel mensen met een kantoorbaan zich dagelijks schuldig aan een variant op deze ergernis: *'Nee hoor, daar kan ik je niet mee helpen, dat is afdeling schade!'*

Maar goed, dat de pot de ketel iets verwijt, wil natuurlijk niet zeggen dat er geen probleem is. Er zijn medewerkers die star vasthouden aan een omkaderde taak en vaak vooral als de dood zijn voor de manager die het gewoon niet wil hebben dat zaken door elkaar gaan lopen.

En ergens is dat ook wel te begrijpen. Als je die ene tafel die grenst aan je wijk wel helpt, waarom dan die daarnaast niet? Zeker op een groot terras, is het nu eenmaal in het belang van de snelheid en dus van de gast, om een goede verdeling te maken. Maar waarom zeggen we dat dan niet gewoon tegen die gast, en vervallen we in een voor veel mensen onbegrijpelijke mix van jargon en procedureel gelul?

Laatst zag ik de menukaart van een restaurant in Amsterdam dat kort daarop zou openen. Op die menukaart stond gewoon uitgelegd wat de reden is van eventuele merkwaardigheden en ergernisveroorzakers. Slim! Dat voorkomt al heel veel. En blijkbaar zijn die ergernissen vooraf goed in te schatten want anders zou het niet op die (concept) kaart staan.

Daarnaast kunnen medewerkers ook gewoon uitleggen dat het in het belang van de gasten is dat de taken goed zijn verdeeld. Vervolgens is het natuurlijk wel de taak van de medewerker die is aangesproken zo snel mogelijk een verantwoordelijke naar deze tafel toe te sturen.

Op grote terrassen zie ik gelukkig steeds vaker mensen die communiceren met *oortjes* en draadloos met elkaar in verbinding staan. Waarom niet? Maak vooral gebruik van alle mogelijkheden en wees niet bang voor vernieuwing.

De belangrijkste les? De wijkverantwoordelijke is in eerste plaats gastheer of gastvrouw van de wijk. Hij of zij zou altijd aanspreekbaar moeten zijn en heeft buiten zijn of haar wijk niets te zoeken. Niets? Nee niets! Een boetepot op de scheidslijn en vijf euro erin als hij toch over de grens gaat.

Daar kunnen we dan meteen de gratis drankjes van betalen voor iedere gast die *'Dit is mijn wijk niet!'* naar zijn hoofd geslingerd heeft gekregen!

34 Voorkom proceduretaal naar gasten.

35 Zorg dat je altijd aanspreekbaar bent in je 'wijk'.

36 Verlaat je wijk nooit!

11 EEN ONTMOETINGSPLEK

Het terras van een mooie horecazaak is bij uitstek een ontmoetingsplek. Daar kom je mensen tegen, spreek je met elkaar af, stoppen mensen die toevallig langsrijden of langslopen en schuiven gasten gezellig aan. En wellicht hebben ze op Facebook of Instagram gezien dat je er bent, en besluiten ze alsnog even aan te komen waaien. Een ontmoetingsplek.

In veel steden zie ik steeds meer mensen afspreken in parken en plantsoenen. De ontmoetingsplek avant la lettre. Een groot kleed, flessen wijn, koelbox met drankjes en lekkere hapjes, complete barbecues en ook daarbij geldt zwaan-kleef-aan. Kringetjes worden steeds groter, en waar je aan het einde van de middag alleen met een vriend zat, zit je halverwege de avond samen met minstens tien anderen lekker te kletsen, te eten en te drinken.

In die parken maakt niemand zich zorgen over de traditionele tijden dat de borrel begint. Wanneer de dinerkaart in gaat of tot hoe laat er van de kleine kaart besteld mag worden. Iedereen is welkom en mag komen en gaan wanneer ze willen. De keuken kent geen sluitingstijd en het assortiment bestaat uitsluitend uit hapjes en drankjes die perfect aansluiten bij de gelegenheid. Als je last hebt van bijvoorbeeld iemands rook of babygehuil, kan je zonder problemen ergens anders gaan zitten en niemand doet moeilijk.

Het park is een geweldig alternatief voor een slecht terras. In het park is iedereen vrolijk, heb je gezorgd voor je favoriete bier op de juiste temperatuur en ben je niet beperkt in je keuze van borrelhapjes die je allemaal mwah vindt, maar waar je dan toch maar weer de bitterballen kiest als minst slechte optie. En die ondernemer maar roepen dat iedereen die het allerlekkerst vindt. Maar dat terzijde. Wanneer de zorgen om iets zelf goed en naar je eigen wens te regelen gemakkelijk opwegen tegen ergernissen op een terras, dan is voor veel mensen de keuze snel gemaakt.

Hoe zorg je nou dat die twee werelden een beetje meer bij elkaar komen? Want het is lang niet altijd alleen maar een financiële kwestie dat mensen liever picknicken en de dingen zelf regelen. Er zijn andere omstandigheden waar je aan moet denken. Op veel terrassen weet ik dat ondernemers er een gruwelijke hekel aan hebben om tafels aan elkaar te schuiven, laat staan dat het wordt gewaardeerd als de nietsvermoedende gast het zelf doet. Ook is apart afrekenen niet de hobby van de gemiddelde medewerker. En is een vraag die ingaat tegen *'hoe we het normaal doen'* vooral heel erg lastig. Dat zijn alvast drie te nemen hordes.

Het assortiment op het gemiddelde terras nodigt ook niet vaak uit tot een spontane come together op een parkachtige manier. In het park draait alles om delen. Lekker eten, allemaal een hap! Lekker drinken, *'hou je glas nog eens bij?!'* Welke terras bedenkt nou een keer iets anders dan de standaard gemengde bittergarnituur wanneer zij willen zorgen voor een gezellige middag die vanzelf een zwoele avond wordt? Wie zorgt er op het terras dan voor goede ijsemmers met een niet al te gekke prijs voor een fles wijn?

Hoe tegenstrijdig het ook klinkt, een (veel) kleiner assortiment op het terras werkt sneller, effectiever en dus ook veel gastvrijer.

Ik wil het gevoel van het park, maar dan met meer comfort en toiletten met stromend water. Meer zoals de gast het wil, minder zoals het bedrijf het wil. Help mij me vrij te laten voelen, met zo min mogelijk gedoe. Laat me vrij. Dat is gastvrij!

37 Een park of een plantsoen is een grotere concurrent dan je denkt!

38 Gasten willen niet al te afhankelijk van je zijn, bied ze die onafhankelijkheid in de vorm van flessen wijn en buckets bier. Ontzorg!

39 Gasten komen niet per se voor de horecazaak, maar voor het gezelschap waarmee ze jouw zaak bezoeken.

40 Een beleving is het resultaat van hoe verwachtingen en ervaringen tot elkaar in verhouding staan.

12 BORDJES

De beleving van gastvrijheid is lastig in woorden te vatten; je moet het voelen. Gastvrijheid voelt vaak als een verrassing, een cadeautje. Een welgemeend uitgesproken *'van harte welkom'* brengt mij vaak in een goede stemming en komt heel anders over dan wanneer het is geschreven, bijvoorbeeld in een inleidend verhaaltje op de eerste pagina van een menukaart.

Het probleem met geschreven goede bedoelingen is vaak dat iedere lezer ze op een eigen, maar soms ook op de verkeerde manier interpreteert. Zo heeft iedereen weleens een email verstuurd die anders werd opgevat dan dat die was bedoeld, en stoort iedereen zich bij tijd en wijlen aan de toon van een tekst die aan hem of haar is gericht. Bijkomend probleem is dat je geen weet hebt van de verkeerde indruk en dus niet direct kan corrigeren, zodat het verkeerde gevoel blijft hangen.

Alle goede bedoelingen ten spijt, geschreven boodschappen schieten meer dan eens hun doel voorbij. De laatste jaren merk ik in de Nederlandse horeca een enorme toename aan *bordjes*. Allerlei aanwijzingen die vaak niet bedoeld zijn om een gast behulpzaam te zijn, maar om de ergernissen van het bedienend personeel of de horecaondernemer te verminderen.

Op een terras las ik laatst op een levensgroot bord op de muur: *'Verboden zelf meegebrachte etenswaren te nuttigen'.* Mijn eerste gedachte was: *'Gebeurt dat hier dan zo vaak? Wat een vreemd publiek!'* Voor mij een reden om me nog een keer goed te bedenken of ik hier wel plaats wil nemen.

Ook de tekst *'Consumptie verplicht'* bezorgt mij een lichte hoofdpijn. Iedere gast zal begrijpen dat een horecabedrijf of een terras alleen kan draaien met betalende gasten. Gasten zullen er dus alleen plaatsnemen zonder iets te bestellen, als de zaak zelf het bestellen bijna onmogelijk maakt. Bijvoorbeeld door te weinig (goed) personeel in dienst te nemen.

'De wc is boven.' 'Deur goed sluiten.' 'Bent u in de kerk geboren?' 'Bij de bar bestellen.' 'Geen schoenen op de stoelen.' 'Peuken in de asbak.' Allemaal voorbeelden van de horecaondernemer die er volgens mij niet zoveel zin meer in heeft. Hij stoort zich aan zijn gasten en een lullig briefje is sneller opgeplakt dan dat je een dranger op de deur plaatst. Niet zelden slaat de ergernis aan gasten, die zich *schuldig* maken aan deze overtredingen, over op het hele horecateam. Dat de sfeer en het gedrag van gasten op slag verandert door een beetje meer gastheerschap, zijn ze dan allemaal allang vergeten.

41 Het geschreven woord wordt door iedereen anders opgevat.

42 Door op te schrijven wat je niet wilt leg je er juist de nadruk op.

43 Wijs niet op een defect; repareer het.

44 Als je eenmaal begint met briefjes, wordt het alleen maar erger.

13 EEN DIAMANTEN LES

Benno Leeser, directeur van Gassan Diamonds vertelde op de radio over de diverse winkels die hij heeft op Schiphol. Als er een heel mistige dag is met veel vertraging, dan feliciteren veel mensen hem. In de veronderstelling dat hij dan wel heel veel zal verkopen. Maar wat blijkt? Hij verkoopt op die dagen juist minder. Mensen die vertraagd zijn, en daardoor een beetje chagrijnig, zijn helemaal niet in de stemming om diamanten te kopen. *'Voor de verkoop van zo'n luxeproduct, ben ik volledig afhankelijk van de juiste sfeer!'*

Eye-opener! Maar eigenlijk wisten we dat al lang. Een vreselijk chagrijnige man op het terras bestelt een kop koffie. Een sfeerverhogende punt appeltaart met slagroom wijst hij resoluut van de hand. Daar is hij niet voor in de stemming. En wanneer in beginsel vrolijke mensen een zaak binnenkomen waar het personeel rondloopt met een gezicht op de oorlogsstand, zal je zien dat ook hun eetlust als sneeuw voor de zon verdwijnt.

Leeser vertelde ook dat zijn Chinees en Russisch sprekende personeel er altijd alles aan zal doen om de gasten op hun gemak te stellen. Hoe? Door educatie over diamanten aan te bieden, in de eigen taal. Met een in zijn stem doorklinkende glimlach vertelde hij dat je niet teveel moet verkopen, maar dat je mensen iets moet leren. *'Wij bieden kosteloos educatie aan en aan het einde van een bezoek stellen we mensen in de gelegenheid iets te kopen!'*

Mooi. Je gasten iets leren, duidelijk maken hoe bijzonder iets is en uiteindelijk willen je gasten het gewoon heel erg graag hebben. Ook daar is de vergelijking met ons vak weer goed te maken. Een enthousiast verhaal over een product maakt actief verkopen vaak overbodig.

'*Maar,*' was de laatste opmerking die ik hoorde voordat ik uit de auto stapte, *'wanneer die gast met het mooie voornemen iets te kopen nog even naar de wc gaat, en die is bijvoorbeeld niet schoon, dan is de kans groot dat de stemming omslaat en dat de bezoeker alsnog niets koopt. Vieze wc's zijn dan ook mede om die reden een doodzonde in ons bedrijf.'*

Overbodig om te vermelden dat het ook bij ons precies die vuile wc is, die er voor zorgt dat iemand geen zin meer heeft in een dessert, of een andere verblijfsverlenger.

45 Voor de aanschaf van luxe producten is een goede sfeer essentieel.

46 Door mensen iets te leren, hoef je ze niks meer te verkopen.

47 Een verblijfsverlenger is meestal ook een luxeproduct.

48 Een vieze wc verstoort ieder koopvoornemen.

14 ZIN IN!

Heb je dat ook wel eens, dat je echt totaal geen zin hebt in een feestje? Dat je hoopt dat het niet doorgaat of er iets tussen komt. Dat je je vriend laat beloven dat jullie niet langer dan een uur gaan?
Dat soort feestjes dus, waar je eenmaal bent en... hartstikke gezellig!

Heb je dat ook weleens andersom? Dat je een afspraak hebt met iemand die je al een tijdje niet hebt gezien, waar je altijd van die leuke avonden mee hebt en lekker mee kan doorzakken. Je hebt ontzettend veel zin in een leuke lange avond. Tot hij binnenkomt met de mededeling dat hij een paar weken niet mag drinken en dat hij ook nog een andere afspraak heeft vanavond. Laat maar, komt niet meer goed zo'n avond. De verwachtingen kunnen niet meer worden waargemaakt.

Dat zijn voorbeelden van gastenbelevingen uit de praktijk van iedere dag. Het zijn vaak onze gasten, we kennen alleen de precieze verwachtingen niet, zeker niet als ze zoals in deze voorbeelden niks met de horecazaak te maken hebben, maar we er wel op worden afgerekend. De verwachtingen van gasten zijn namelijk van grote invloed op de uiteindelijke beleving.

Mijn formule:
Beleving = het resultaat van hoe (verwachtingen) + (ervaringen) tot elkaar in verhouding staan.

Heb ik heel veel zin (zijn mijn verwachtingen hoog) maar het wordt niet leuk (de ervaring is minder), dan houd ik er een kater aan over (geen goede beleving.) Heb ik geen zin (heel lage verwachtingen) en het is heel erg gezellig (de ervaring is heel goed) dan heb ik een top avond (is mijn beleving goed).

Veel horecamensen denken bij beleving meteen aan een enorme chocoladefontein op een dessertbuffet, of een levensgrote mascotte op het parkeerterrein. Groot uitpakken dus; je gast echt iets laten beleven. Nou is het natuurlijk waar dat dat dingen zijn die je niet direct verwacht, en daarom zullen mensen er ook wel een goed gevoel aan overhouden. Toch denk ik dat je beleving niet per se hoeft te zoeken in de grote dingen. Dat is vaak helemaal niet nodig! Als je maar zorgt voor fantastische ervaringen, zeker ten opzichte van de verwachting van de gast.

De formule gaat op voor iedere verwachting van een gast. Dus bijvoorbeeld de kwaliteit van het eten, de bereikbaarheid van je locatie, hoe de andere gasten zullen zijn, en in sommige gevallen zelfs het uitzicht. Een gast maakt zich van te voren bijna overal een voorstelling van en vormt een verwachting. Als je naar Parijs gaat en je je verheugt op het uitzicht van de Eiffeltoren (hoge verwachting) en er is hele dichte mist (lage ervaring) dan is je beleving niet goed. Zo werkt het.

Een simpel kopje filterkoffie op een kruispunt van een bospad tijdens een loodzware wandeltocht wordt in zeer hoge mate gewaardeerd door je gasten (geen verwachting), terwijl dat zelfde kopje koffie in een espressobar in de stad (hoge verwachting) misschien wel direct wordt teruggestuurd vanwege de kwaliteit.

Maar wat heb je nou eigenlijk aan al die goede beleving van je gasten?

Beleving = het (positieve of negatieve) verhaal (over jouw bedrijf) dat men bij thuiskomst vertelt aan buren en vrienden en of deelt op Facebook en andere (sociale) media.

49 Gastenverwachtingen zijn ons kompas.

50 De beleving van een gast is datgene wat hij deelt.

51 Hoe hoger de verwachtingen, hoe moeilijker zijn ze waar te maken.

52 Onverwachte ervaringen worden het hoogst gewaardeerd.

15 HELDERZIENDE OBER

Hebben horecamensen helderziende talenten? Kunnen zij van een afstand zien welke drankjes mensen gaan bestellen? Veel mensen denken van wel. En het is inderdaad verbluffend om te zien hoe dat gaat. Het is een truc, maar dan wel een truc waarin de goochelaar zelf gelooft.

Het gaat als volgt. Twee oudere dames lopen in de richting van het terras en de helderziende ober zegt tegen zijn collega: *'O, ik zie het al. Dat zijn twee cappuccino's! Wedden?'* De collega moet het nog maar zien en gaat met een kleine weddenschap om niets akkoord. Vervolgens wacht de helderziende ober totdat de dames zijn gaan zitten. Hij loopt zelfverzekerd en met een brede glimlach op zijn gezicht op de dames af. *'Goedemorgen dames, mag ik u twee lekkere cappuccino's brengen?'*

De collega kan zijn ogen niet geloven. De dames hebben inderdaad de drankjes gekozen die zijn ervaren collega al had voorspeld. Het werkt niet alleen met verschillende soorten koffie; goede medewerkers in de bediening kunnen het ook met andere drankjes zoals een koel glas rosé of een lekker biertje.

Wanneer ik vakmensen vertel over helderziende mensen in de bediening op terrassen merk ik meestal dat iedereen wel zo iemand kent. Een collega of een oud-collega, die precies kan voorspellen wat een gast gaat bestellen. Dat is knap. En misschien nog wel knapper dan we denken. Want helderziend ben je en een goede ober dat kan je alleen maar worden. Daar moet je ook echt iets voor doen.

Volgens mij is het geheim van deze bedienende waarzeggers hun authenticiteit. Ik denk dat de suggesties die zij de gasten geven gewoon heel vaak worden opgevolgd omdat deze oprecht en goedbedoeld overkomen. Omdat ze het goed laten klinken, omdat het goede suggesties zijn op die momenten van de dag. Maar vooral omdat ze de gast daarmee verwennen. Want als iets de kerntaak is van een medewerker bediening, dan is het wel verwennen.

Bedieningsmensen vergeten nog weleens dat zijzelf met al hun vakkennis en goede suggesties voor veel gasten de reden zijn van het horeca of terrasbezoek. Je hoort het mensen weleens zeggen: *'Vandaag ga ik mezelf eens lekker laten verwennen'.* Dan moeten we dat ook doen! Met mooie suggesties waar die gast zelf nog niet aan heeft gedacht. Dat is niet opdringerig, ook niet helderziend maar wel de kern van ons vak!

53 Een suggestie is niet opdringerig maar juist gastvrij!

54 Meerverkoop is pas vervelend als het een automatisme wordt.

55 Mensen willen suggesties omdat het hen tijd bespaart.

56 Goede medewerkers zijn niet helderziend, ze kunnen gewoon heel goed verkopen en behoeftes herkennen!

16 DE TROTSE FRANSE OBER

We leven in een land waar mensen nog wel eens klagen over het niveau van medewerkers in restaurants, cafés en catering. Ook, maar misschien wel vooral, mensen uit het vak zelf hebben hierover het hoogste woord. Maar hebben deze mensen het dan over zichzelf? Nee natuurlijk niet! Ze klagen over anderen, en vooral over jonge collega's. Meestal worden er in deze klaagzangen voorbeelden uit andere landen bijgehaald, waar het beroep van bartender of ober nog wel een nobele professie is en waar mensen trots zijn op hun vak.

Stapje terug. Wij vinden als horeca dus zelf, dat ons vak niet het aanzien heeft dat het verdiend. Wij vinden dus dat er in andere landen, dus ook door ons, nog wel met respect en aanzien naar horecaprofessionals wordt gekeken. Grappige constatering. Vooral omdat de verklaring voor dit verschijnsel voor het grootste deel al in de constatering ligt besloten. Blijkbaar is er een groot verschil tussen het optreden van onze buitenlandse collega's en dat van onszelf.

Op zoek naar de wijze waarop buitenlandse obers hun werk uitvoeren, kom je vanzelf op termen als: Passie, Professionaliteit, Trots, Zelfvertrouwen, Mentaliteit, Beleving en Gastgerichtheid. Begrippen die langzaam binnensijpelen in ons land, maar nog lang geen prominente plaats innemen in de werkhouding van een gemiddelde werknemer. Dat ligt volgens mij niet alleen aan de werknemer. Misschien kan ik beter schrijven: *alleen niet.*

Wij hebben in onze horeca, maar ook in andere takken van het bedrijfsleven, in de afgelopen decennia een heel vreemd systeem ingevoerd. Dat systeem gaat er van uit dat je minder gasten of klanten ziet, naarmate je vaker promotie maakt. Zo worden in sommige verkooporganisaties de beste vertegenwoordigers gepromoveerd tot salesmanager met als resultaat dat de verkoop terugloopt; de beste vertegenwoordiger wordt namelijk gemist en het verkoopteam raakt gedemotiveerd omdat de nieuwe salesmanager niet in staat is zijn team op de juiste manier aan te sturen.

In de horeca zie je vaak hetzelfde gebeuren. De periode dat je contact hebt met gasten laat je achter je op het moment dat je er net een beetje goed in begint te worden. Juist wanneer je ook uit eigen (levens)ervaring een woordje mee kunt spreken, wacht een nieuwe *uitdaging* en werk je niet meer direct met gasten. Om vervolgens deel te nemen aan de klaagzang over het niveau van de jonge brigade op de vloer. Ik ben ervan overtuigd dat veel mensen juist heel graag op de vloer zouden willen blijven werken met gasten. Toch bezwijken ze onder de maatschappelijke druk vooral *door te groeien*.

Mocht een medewerker ongevoelig zijn voor druk van zijn omgeving, dan kan het natuurlijk ook nog dat hij wordt gedwongen door zijn werkgever om naar iets anders uit te kijken. Die stuurt namelijk op kosten en ziet vanuit dat gezichtspunt liever jonge goedkope krachten op de vloer. Wanneer dezelfde ondernemer vervolgens met zijn stamgasten het niveau van de Nederlandse horecamedewerker bespreekt, vergeet hij dat er nog weleens bij te zeggen, maar dat terzijde!

Volgens mij heeft die werkgever nog wat meer boter op zijn hoofd. Ik denk weleens dat veel werkgevers hun voorbeeldfunctie volledig uit het oog hebben verloren. Als een baas het alleen nog heeft over kosten, investeringen, inkoopvoordeel, brouwerijcontracten, rookverboden, zijn nieuwe auto maar nooit meer over gasten, is het dan gek dat die medewerker die gast dan uiteindelijk ook uit het oog verliest? *'Blijkbaar ben je pas echt op de goede weg als je je over gasten niet meer druk hoeft te maken.'* Juist in de komende tijd zal blijken dat die weg doodloopt. Dat wordt bevestigd op de dag dat je erachter komt dat een van die professionele trotse Franse obers ook de eigenaar is. Die hard meewerkt. Omdat hij snapt dat niets belangrijker is dan zijn gasten.

57 Trots heeft te maken met je eigen taakopvatting.

58 Cultuur draagt bij, maar is gemakkelijk te doorbreken.

59 Als het te vaak over iets anders gaat dan over gasten, dan gaat het mis.

17 DE VERKEERDE VERTALING

Nederlanders die de Engelse taal goed beheersen hebben er soms plezier in landgenoten in het buitenland te zien worstelen met deze taal. Je herkent vrij snel de Nederlanders omdat ze Neder-Engels spreken. Letterlijk vertaalde spreekwoorden, gezegdes en uitdrukkingen die in het Engels nergens op slaan, maar vol overtuiging worden uitgesproken! Dat leidt soms tot hilarische situaties. Het vermakelijkst is vaak de gezichtsuitdrukking van de spreker die zich van geen kwaad bewust is. Toch vergeeft iedereen het de mensen die in deze val lopen, omdat ze zich duidelijk inspannen zich verstaanbaar te maken, en met handen en voeten uiteindelijk een heel eind komen.

Met een vreemde taal is het nu eenmaal zo dat je altijd een achterstand zal houden ten opzichte van je moedertaal. Daar weet Johan Cruijff alles van met zijn legendarische Neder-Spaanse gezegde *'En un momento dado'*, en ook Rudi Carrell sprak met zijn Neder-Duits bij lange na niet foutloos. Toch werden ze omarmd omdat men wel heel goed begreep wat zij bedoelden, ook al gebruikten ze vaak een verkeerde of een te letterlijke vertaling. Ze begrepen in ieder geval zelf wat ze bedoelden en konden dat ook duidelijk maken. Uiteraard met hier en daar een fout, maar dat is dus logisch (om maar een ander Cruijffiaans gezegde aan te halen!).

Met gastvrijheid is het vaak niet anders. De gastvrijheidstaal die een bedrijf wil spreken moet vaak ook vertaald worden naar het persoonlijke gedrags- en referentiekader van een medewerker. Wanneer een jongen van achttien de gastvrije woorden van zijn veertig jaar oudere *maître* letterlijk zou overnemen, is hij niet geloofwaardig. En andersom geldt hetzelfde. Daarom is het zo belangrijk dat een horecabedrijf een eigen identiteit heeft met eigen kernwaarden en een duidelijke visie op gastvrijheid. Dat helpt de medewerker de juiste vertaling te maken naar eigen taal en gedrag ten opzichte van de gasten van het bedrijf. Als bedrijf zal je daarom in de kennismakingsperiode veel tijd moeten investeren in deze visie, en in gesprek moeten gaan met jonge medewerkers om ze aan te sporen hier een persoonlijke draai aan te geven.

Vaak zie ik dat de bedrijfsleiding weinig vertrouwen heeft in de vertaalcapaciteiten van het team, en om die reden eindeloze regelementen en scripts opstelt. Wat mij betreft leidt dit tot hele knullige momenten die mijn beleving als gast stevig reduceren. Een leerling van zestien die mijn vrouw vraagt of hij haar *'mantel'* mag aannemen, terwijl zij een spijkerjasje draagt. Of een jonge medewerker bediening die zijn sommelier na-papegaait door ons gezelschap bij de uitleg van het wijnarrangement haast stotterend te vertellen dat hij ons meeneemt op een *'wijnreis'* en dat we voor het eerste glas allemaal *'in het vliegtuig stappen naar Chili'*. Ik betwijfel of deze jongeman ooit heeft gevlogen, laat staan dat ik me onder zijn reisleiding comfortabel zou voelen! Uiteraard zouden deze zinnen heel anders klinken als deze worden uitgesproken door de ervaren sommelier met zijn vlotte en zelfverzekerde voorkomen.

Een medewerker die met gasten communiceert, kan zijn geloofwaardigheid en zelfvertrouwen alleen maar laten groeien door zichzelf te zijn, uiteraard rekening houdend met de kernwaarden van het bedrijf. Ingestudeerde zinnetjes en teksten schieten altijd hun doel voorbij, al is het maar omdat de medewerker nooit de werkelijke bedoeling en emotie achter deze woorden zal kennen, omdat hij ze niet zelf heeft geformuleerd. Eigenlijk is het dus andermans vertaling van iets wat hij niet zelf heeft bedacht. Anders dan met de Engelse, Spaanse of Duitse verspreking, krijgt de medewerker dit dus niet meer recht, want hij weet zelf niet eens wat hij bedoelt!

60 Kies je eigen woorden.

61 Bereid je voor, en neem teksten door met je team.

62 Spreek altijd de waarheid en gok of lieg nooit.

63 Als je probeert deftig te doen, mislukt dat vaak jammerlijk.

64 Leen alleen teksten als ze uit jouw mond net zo geloofwaardig overkomen.

18 VERTROUWEN EN CONTROLE

In mijn werk heb ik het met deelnemers en opdrachtgevers vaak over gasten. Over gasten die iets heel graag willen en gasten die ergens vooral niet op zitten te wachten. We gaan er soms ook van uit dat die gast precies let op de dingen die wij zelf heel belangrijk vinden, maar soms ook een oogje dichtknijpt. Maar kennen we die gast dan zo goed dat we precies weten wat hij allemaal wil en belangrijk vindt?

Natuurlijk is het heel moeilijk om vast te stellen wat gasten echt willen. Ernaar vragen is vaak een goed begin. Ik denk dat het goed is dat je regelmatig werk maakt van die vraag. Wat wil een gast en wat maakt hij in mijn zaak nou allemaal mee? En waarom reageren mijn gasten zoals ze dat doen? En, ben ik wel duidelijk in mijn communicatie? Mag ik ervan uitgaan dat een gast mijn bedoelingen goed begrijpt?

Voor mezelf heb ik deze vraag de laatste paar weken heel goed voor ogen gehouden. Ik kwam uit bij twee belangrijke woorden: Controle en Vertrouwen.

CONTROLE

Als ik in een restaurant of café kom waar ik afhankelijk ben van de bediening, dan word ik gedwongen de controle uit handen te geven. Ik heb weinig middelen om het tempo van de bediening en de kwaliteit van de bestelling te bepalen of te beïnvloeden. Sommige mensen staan bekend als controlfreak; in stressvolle periodes wil ik mezelf ook wel eens zo omschrijven en in horecabedrijven hebben wij het dan moeilijk. Om toch zoveel mogelijk controle te behouden, zie je deze gasten dan ook vaak heel wild gebaren, met hun vingers knippen, of veel details aan de bestelling toevoegen om er toch maar zo veel mogelijk een eigen draai aan te geven.

VERTROUWEN

Mensen die het lastig vinden de controle uit handen te geven, zoeken naar vertrouwen. Wanneer het vertrouwen in de ober of serveerster toeneemt, worden ze vaak ook rustiger. Denk maar aan de kapper. Wanneer je weinig vertrouwen hebt in de jonge kapper die stage loopt bij je vaste kapsalon, ben je geneigd zeer gedetailleerd te instrueren hoe je graag wilt worden geknipt. Word je geholpen door de ervaren kapster waar je veel goede ervaringen mee hebt, dan ben je geneigd te zeggen: *'Doe maar eens wat leuks, wat anders, ik vertrouw het helemaal aan je toe!'*

Zo werkt het volgens mij in jullie bedrijf ook. Gasten komen binnen en zullen alleen maar de controle uit handen geven wanneer ze je vertrouwen. Loopt dat vertrouwen een deuk op, dan zul je dat moeten herstellen voordat je gast zijn controle weer terug wil en vertrekt. Betrouwbaarheid is een mooie kernwaarde die past bij een bedrijf van vandaag. Daar geef ik graag mijn controle af, en die krijg ik gelijk met de rekening weer terug als ik vertrek. Daar houd ik een prettig gevoel aan over.

65 **Bekwaam jezelf in controle.**

66 **Daar waar de controle van gasten in goede handen is, daar is een gast echt op zijn gemak.**

67 **Hoe meer vertrouwen een gast in je heeft, hoe meer controle je van hem krijgt.**

19 ETEN IS SEKS!

'Eten is de seks van deze tijd' is een van de constateringen van Rob Benjamens in een stukje op MOLBLOG. Rob constateert dat er nergens in het straatbeeld nog een seksshop is te vinden omdat deze allemaal hebben plaatsgemaakt voor eettentjes. Van croissanterie tot koffiebar, van delicatessenwinkel tot wijnhuis. Het is in het moderne straatbeeld niets anders dan eten en drinken dat de klok slaat. Een leuke stelling.

Ook ik signaleer de opkomst van goed eten en drinken als nationale hobby. Heel veel mensen nemen geen genoegen meer met olijfolie van Carbonell maar prefereren een van de zevenentwintig smaken van de olijfolie-speciaalzaak. Gedroogde pasta neemt onder de *foodies* aan populariteit af; mensen maken de pasta liever zelf of ze kopen verse pasta. En coquilles, zwezerik, steak tartare en huisgerookte zalm zijn voor steeds meer mensen geen typische horecaproducten meer. Om het maar niet over koffie te hebben; veel mensen slaan bij de aanblik van een Senseo-crema apparaat bij de buurvrouw beleefd de aangeboden koffie af...

De horeca heeft van oudsher verschillende functies. Naast de praktische functies zoals het voorzien in oplossingen voor behoeften als slapen, eten en drinken speelt de horeca ook een rol bij het inspireren van gasten en hen kennis te laten maken met nieuwe producten, presentaties en bereidingswijzen. Ik zeg vaak tegen deelnemers van trainingen dat de carpaccio niet bij Albert Heijn zou liggen, als de horeca het niet op de kaart had gezet. De horeca creëert, combineert en vernieuwt, vervolgens omarmen de mensen het en maken het onderdeel van hun dagelijkse leven. Het is logisch dat horecamensen deze voorlopersrol van oudsher innemen, zij werken immers dagelijks met deze elementen. Het is ons vak!

Aangemoedigd door het team van Rudolph en 24Kitchen, maar ook door talloze andere televisieprogramma's, tijdschriften en boeken stijgt het niveau van de gemiddelde Nederlandse thuiskok (en thuissommelier!) tot ongekende hoogtes. Het is interessant om je af te vragen of het niveau van de gemiddelde horeca meestijgt, of dat het niveau ongeveer hetzelfde blijft en onder invloed van de brede inzichten bij onze gasten daardoor juist deuken oploopt. De wet van de remmende voorsprong. Er zijn nog steeds restaurants die denken weg te komen met halve waarheden en misschien zelfs wel hele leugentjes over de herkomst en de bereidingswijze van producten en gerechten. De tijd dat je daarmee wegkwam ligt definitief achter ons en komt niet meer terug. Wij moeten als horeca vechten onze voorlopersrol te behouden en op sommige terreinen zelfs terug te winnen.

De horeca is geen onaantastbaar bolwerk meer. Gelukkig niet. Gasten weten wat ze willen en waar ze voor komen. Ze willen verrast worden, het liefst met goede producten en vooral een heel fijne ambiance. Met mensen die iets over hebben voor hun gasten, van die puurheid krijg je namelijk nooit genoeg.

Mochten er al vakgebieden bestaan waarbij je ongestraft lui achterover kunt leunen, dan is de horeca er daar niet één van. Het is geen nadeel dat mensen zoveel mogelijkheden hebben om ons vak te benaderen, het is ons geluk. Met zoveel belangstelling voor ons vak, en zoveel bewustzijn van producten onder onze gasten, kan het niet anders dan dat de beste jaren nog moeten komen.

Maar wel alleen voor hen die daar iets voor over hebben. Excelleren, iedere dag nog beter te zijn dan gisteren! Je gasten uiterst serieus nemen, want uiteindelijk valt ieder bedrijf in iedere branche die dat niet doet een keer door de mand. Kijk maar eens goed om je heen!

68 Verdiep je iedere dag in je vak.

69 Zorg dat je iedere dag zelf iets leert, en leer het je gasten.

70 Gasten zijn volop bezig zich tot ware experts te ontwikkelen, laat je voorsprong niet kleiner worden.

71 Waak voor de wet van de remmende voorsprong.

72 Probeer de informatie aan je gasten te doseren en te filteren.
Niet alle informatie is relevant voor iedereen!

20 EERLIJK EN ECHT

Hoe een klein land divers kan zijn en tegelijkertijd soms ook ontzettend veel *ongeveer dezelfde zaken* heeft. Waar belangenclubs als een soort nivellerend instituut werken die het doel hebben de *best practices* wijd te verspreiden met het hopelijk onbedoelde resultaat dat deze overal slecht gekopieerd en bijna onherkenbaar de kop op steken. Vaak gaat het om slimme ideetjes om je omzet te verhogen, of de gerechten op een menukaart op een andere manier op te sommen. Niet altijd per se eerlijk en echt.

De woorden *echt* en *eerlijk* worden op veel plekken als trend bestempeld en daarmee direct gedevalueerd. Het zijn geen trends, het zou de standaard moeten zijn. Het zijn niet voor niets kernbegrippen die hopelijk in ieders opvoeding voortdurend centraal hebben gestaan. Mensen willen zich niet meer laten belazeren, terwijl dat nou juist wel een tijd lang de trend is geweest. Veel mensen maakten zichzelf wijs dat het een luxe is dat voedsel nog maar 15% van de totale uitgaven in de maand vertegenwoordigt. Wanneer we echter goed kijken naar de kwaliteit van dat voedsel, kun je dat goedbeschouwd veel noemen, maar allesbehalve luxe.

Met plezier bezoek ik zo'n driehonderd horecazaken per jaar, vaak als trainer, maar even vaak als gast. Op veel plekken vraag ik me af wat de reden nou eigenlijk is van het bestaan van zo'n zaak. De passie straalt er niet echt (meer) vanaf en op de vraag *'Waarom?'* heeft niemand een antwoord. Wanneer de existentie van een bedrijf alleen nog wordt gevoed door de inkomenswens van de ondernemer, dan is de toegevoegde waarde ver te zoeken. Dat is mijn stelling, en deze wordt keer op keer bevestigd. Het beïnvloedt namelijk iedere (investerings) beslissing en iedere afweging en keuze voor producten.

Het is geen goed nieuws voor de gast of klant, als de ondernemer met wie je te maken hebt zijn eigen (financiële) belang altijd voorop stelt. Wanneer zijn beroep te maken heeft met eten en drinken kan het zelfs gevaarlijk zijn. Alles staat of valt dus met vertrouwen, al dan niet gefundeerd op de wetenschap dat er in dit land talloze controles op restaurants en de voedselketen worden uitgevoerd die kwaliteit en reinheid waarborgen. Toch? Of niet?

Wanneer het vertrouwen in de horeca in het algemeen wegvalt, en berichten over letterlijk smerige keukens van Chinese restaurants, paardenvlees dat als rundvlees wordt verkocht en antibiotica in bijna alle kippen helpen daar niet bij, dan gaan we pas echt iets meemaken. Horecatrucs die een glas kraanwater met de streek van een toverstokje veranderen in een spa blauw, en merkloos bier uit een *vertrouwd merk-tap* laten stromen helpen natuurlijk ook niet echt.

Voor de liefhebbers onder de horecaondernemers die mensen wel lekker willen laten eten, die mensen kennis willen laten maken met nieuwe gerechten, die het begrip gastvrijheid tot kunst hebben verheven, voor die ondernemers gloort er hoop. Langzaam komen we terug op aarde en denken we na over het hoe en waarom. Dan snappen we vanzelf weer dat zorg en liefde voor dier en natuur tot de beste producten leidt en dat die nu eenmaal niet onbeperkt verkrijgbaar zijn. Zeker niet onbeperkt totdat je vol zit, en dan nog een beetje voor vijftien euro. Het idee...

Maar dan een belangrijke vraag. Hoe herken je een goede zaak? Liever niet aan een keurmerk. Liever vertrouw ik op mijn eigen ogen. Maak liever de gang van zaken in de keuken zichtbaar. Een open keuken heb je met een beeldscherm en een camera in de keuken zonder een euro aan verbouwingskosten gerealiseerd. En ook ben ik als gast geïnteresseerd in de bedrijven waar u zaken mee doet. Stelt u ze gerust aan me voor in de menukaart. Ook voor hen een mooie manier om zich te profileren. Laat me weten hoe en met wie u werkt. Laat me zien waar u, als het goed is, trots op bent, en ik zal trots op u zijn. Als u me niet bedondert, dan betaal ik heel graag een eerlijke prijs.

73 **Eerlijk en echt is niet een trend, maar zou een standaard moeten zijn.**

74 **Vertel me over je passie en ik kom bij je eten.**

75 **Goedkoop vlees, laat staan onbeperkt is niet lang meer populair.**

76 **Geef gasten een kijkje in de keuken.**

77 Als je me bedondert, kom ik nooit meer terug.

21 HET MENGPANEEL

Als je weer een terras voor je zaak uitzet, dan verandert er natuurlijk wel het een en ander. Je capaciteit neemt soms wel met meer dan 100% toe, en dat heeft invloed op heel veel andere bepalende factoren. Eigenlijk is *capaciteit* een van de vier knoppen waar je als ondernemer aan kunt draaien, en als je dat doet, dan zal je ook goed moeten onderzoeken of die andere knoppen nog wel in de juiste stand staan.

Je ondernemersdashboard kent vier grote knoppen, en net als met een groot mengpaneel in een muziekstudio, worden die vier grote knoppen omgeven door tientallen schuifjes en kleinere draaiknoppen die je ook nog kan bedienen, maar waarvan bediening meestal wordt afgeraden door de geluidstechnicus. *'Daar kan je het beste even een professional bijhalen'*. Nou, dat is volgens mij in ons vak ook zo.

De vier grote knoppen hebben de volgende namen: *Capaciteit, Assortiment, Personeel* en *Service & Gastvrijheid*. Alle vier grote hoofdbegrippen. Het werkt eigenlijk heel eenvoudig. Als alle vier de draaiknoppen met elkaar in balans zijn, dan draai je top. Maar als er nu, bijvoorbeeld in capaciteit iets verandert, dan gaat er vaak iets mis met de andere knoppen. Die kloppen niet meer.

Voorbeeld: De capaciteit neemt met tachtig stoelen toe (terras gaat open), ineens klopt het assortiment niet meer. Er is te veel keuze en de keuken en bar kunnen dat niet bolwerken. Maar als ik besluit alleen nog maar broodjes kaas en glazen melk te serveren, dan kan de keuken het weer prima aan, maar dan loopt het terras niet meer vol. Ik moet daar een (nieuwe) balans in vinden.

Ook moet ik in dit voorbeeld aan de knop *personeel* gaan draaien, want met meer capaciteit, heb ik meestal ook meer personeel nodig, en ligt het voor de hand dat er ook een andere taakverdeling moet komen. In een kleinere zaak met veertig zitplaatsen binnen, lukt het nog wel de bediening zelf de drankjes te laten maken; met honderdtwintig plaatsen lukt dat niet meer, en heb ik een barman nodig.

Een andere knop waar we aan moeten draaien bij toename van capaciteit, is die van *service & gastvrijheid*. Wanneer ik mijn serviceknop helemaal uitdraai, en feitelijk zelfbediening invoer, dan gaat alles weer een stuk makkelijker, maar ook dat is niet wat je wilt. Ook hier moet ik op zoek naar een nieuwe balans. Want wanneer ik uitzonderingen mogelijk wil blijven maken, een bijzondere wens van een gast wil inwilligen, dan gaat dat gemakkelijk in relatieve rust. Maar als het helemaal vol is, dan kan die salade zonder pijnboompitten, met ongezouten kip en glutenvrije broodcroutons er ineens voor zorgen dat alles in het honderd loopt...

Vier knoppen die een ondernemer steeds in de gaten moet houden en die nauw met elkaar in verbinding zijn. Vier knoppen die een medewerker niet zomaar zelf kan bedienen, dat moet centraal worden aangestuurd. Toch heeft de medewerker wel een uitdaging om de uitwerkingen van drie van die vier knoppen te beïnvloeden. Door een zeer sterke suggestie te doen aan een gast, verklein je eigenlijk het assortiment. Door een gast te begeleiden naar een tafel die voor jou goed te belopen is, verklein je op dat moment je zaak. En door je serviceniveau aan te passen aan de drukte, merk je dat je ook daar tijd mee wint. Het zijn kleine meestal geruisloze aanpassingen in het belang van de gast. Alles loopt er gesmeerd door! En het voorkomt wachten en chaos.

Je gasten hoeven er niet zoveel van te merken. Het is net als het licht in een restaurant, waar een sfeergevoelige medewerker steeds mee bezig is; een gast merkt op dat hij eet in een sfeervolle zaak, maar heeft niet in de gaten dat het licht af en toe wordt bijgesteld.

78 Hoe ziet het mengpaneel van mijn terras eruit?

79 Waar heb ik invloed op en waarop niet?

80 Als ik iets verander, raakt de balans dan niet verstoord?

22 BIJ ONS

Kent u ons concept? Weet u hoe het bij ons werkt? Bent u hier vaker geweest, want ander leg ik het wel even uit. Bij ons werkt het allemaal net een beetje anders dan in andere restaurants. Bij ons is het de bedoeling dat u alles wat u bestelt deelt met uw tafelgenoten, en bij ons is het de bedoeling dat u de hele avond kleine hapjes bestelt.

Bij ons is het niet de bedoeling dat u een fles wijn bestelt, maar alleen maar proefglaasjes, en bij ons is het op dinsdag en donderdagavond eigenlijk niet mogelijk een keuze te maken maar is de bedoeling dat u zich laat verrassen. Bij ons worden uw jassen overigens niet aangenomen, maar wordt u verzocht deze te gebruiken als kussentje waar u op moet zitten.

Wij hebben geen traditionele heren- en damestoilet. Bij ons maakt u de keuze waar u zich het prettigst voelt. Wij stellen het wel op prijs als u die voorkeur wilt toelichten in onze gasttevredenheidsenquête. Wij schenken overigens geen bronwater, wij werken met onze eigen zuiveringsinstallatie. Zou u zo vriendelijk willen zijn voor ieder gedronken glas een euro te doneren aan Unicef? Dit is overigens niet verplicht, maar ja, u een leuke avond, zij een leuke avond, toch?

Over kinderen gesproken; voor de kinderen hebben we een speciaal menu. Zij kunnen de vissen zelf vangen in onze belevingsvijver en daar kunnen ze dan zelf sushi van rollen in ons kinderbelevingskookschooltheater. De visjes zijn natuurlijk niet echt. Die hebben we laten maken van eetbaar kokospapier in samenwerking met een wereldberoemde televisiekok die ook betrokken was bij de ontwikkeling van zeewiertruffels. Die serveren we vandaag overigens bij onze *tasting* van voorgerechten.

Alles in ons restaurant is overigens te koop, van servies tot de tafeltjes waar u aan zit. Laat het ons gerust weten wanneer u interesse heeft in de aanschaf van een van onze materialen, dan zal ik u uitleggen hoe dat precies in z'n werk gaat. Wanneer u heeft geparkeerd, dan werkt het bij ons net iets anders met het afrekenen van de parkeerkosten, want als u ons uw gegevens geeft, ons *liked* op Facebook en een aanbevelingstweet twittert, dan zijn de kosten deze keer voor ons.

Wanneer u wilt afrekenen, houdt u er dan rekening mee dat het bij ons niet mogelijk is om contant te betalen en dat wij bij betaling met creditcard gedwongen zijn 5% kosten in rekening te brengen.
De Groupongasten worden overigens verzocht zich voor het uitreiken van de menukaart kenbaar te maken, anders kunnen we de voucher helaas niet meer accepteren.

81 Sla niet door, vertel niet alles aan iedereen.

82 Vraag je af wat voor je gast relevant is.

83 Beleving is resultaat van hoe verwachtingen en ervaringen tot elkaar in verhouding staan. Niet van hoeveel onzin je vertelt of laat meemaken!

23 EEN BROODJE HETZELFDE

Een salade met geitenkaas? Een Italiaanse bol met carpaccio? Een broodje gerookte zalm met roomkaas? Of liever een hamburger? Twee kroketten met brood, of zin in een kop soep van de dag? (Dit jaar is onze dagsoep tomatensoep.) Zes gerechten op de gemiddelde, Nederlandse lunchkaart. Het lijkt wel alsof horecagroothandels kant en klare menukaarten aan hun klanten verkopen. En het resultaat? Dat het steeds lastiger wordt om je te onderscheiden.

Ik weet niet hoe het met jou zit, maar ik ben de laatste tijd vooral heel erg geïnteresseerd in de herkomst en kwaliteit van producten. Als je daar een keer goed in bent gedoken, dan kan je niet meer zonder, als je begrijpt wat ik bedoel. Dus als ik zo'n broodje hamburger zie staan, of die geitenkaas, dan weet ik nog helemaal niks, en die onzekerheid doet me steeds vaker besluiten dan maar een tosti kaas te bestellen. Ik heb een allergie ontwikkeld voor slecht eten, en ik neem geen enkel risico. Behalve in zaken waar ik de reputatie ken, of veel vertrouwen heb in de ondernemer. Dan wil ik alles wel proeven! Maar die zaken hebben meestal niet hetzelfde menu.

Veel horecaondernemers zeggen tegen me dat ze ook wel anders willen, maar dat dit nou eenmaal de gerechten zijn die hun gasten graag eten. En daarom worden ze eigenlijk gedwongen om dezelfde dingen op de kaart te laten staan. Een tamelijk zwak excuus en dat is volgens mij niet waarom je ooit je eigen zaak bent begonnen, maar goed. En als je dan kiest voor een klassieke kaart met weinig spannende gerechten, zorg dan in ieder geval voor mooie producten, en niet de horecavariant van Euroshopper. Als je dan toch een bol huzarensalade wil serveren bij je twaalfuurtje, maak 'm dan zelf en zorg dat je de lekkerste uit de omgeving hebt!

Dat is wel moeilijker dan een ijsknijper door een emmer halen, maar op de lange termijn helpt het je echt.

Selecteer je producten beter en beschrijf ze goed. Vermeld af en toe een leverancier. Zorg dat de keuken geen hermetisch gesloten afdeling is, maar een ook voor gasten toegankelijke ruimte. Desnoods met een camera en een beeldscherm. Vraag je kok of hij zich af en toe laat zien. Allemaal punten die bijdragen aan het vertrouwen van je gasten. Het is tenslotte zo, dat gasten bij voorbaat soms een beetje wantrouwen hebben ten opzichte van de zaak waar ze zijn beland. Want zoals de gast is, vertrouwt hij zijn waard!

84 De horeca is GEEN keten met 50.000 filialen.

85 Kies voor kwaliteit en noem je leveranciers.

86 Laat je kok zien aan je gasten en bouw aan vertrouwen.

87 Als gasten je vertrouwen, laten ze de menukeuze aan jou over.

24 HIER KRIJGT IEDEREEN KOFFIE

Mijn trainingen geef ik eigenlijk altijd op de horecalocatie van de opdrachtgever. Vaak in een zaaltje, maar soms ook in een hoek van het restaurant waar het rustig is. Ik rijd er graag op tijd naar toe, zodat ik voor we starten nog een glimp kan opvangen van de *winkel in bedrijf*. Eerlijk gezegd houd ik er niet van om mij in die gevallen eerst *anoniem* op het terras te begeven om vervolgens in de training voorbeelden uit de praktijk van vlak daarvoor te gebruiken. Als cursist zou ik me dan een beetje gepakt voelen en als er iets is wat ik wil voorkomen, is dat het wel. Ik wil heel graag het vertrouwen van alle cursisten winnen, omdat ik weet dat we dan pas echt mooie resultaten kunnen behalen in een of meerdere sessies.

Bij binnenkomst probeer ik me daarom altijd zo snel mogelijk voor te stellen als de trainer van die dag en juist op dat moment te ervaren hoe ik als gast wordt ontvangen in het bedrijf. De ontvangst van een gast bepaalt volgens mijn theorie namelijk wel voor 35% de totale beleving van een gast, dus dit is een belangrijke indruk. Ik merk echter dat ik als trainer vaak een beetje de leveranciersbehandeling krijg; deze behandeling kenmerkt zich vooral door doeltreffendheid en niet zo zeer in gastvrijheid. Bij de leveranciersbehandeling wordt er eigenlijk nooit iemand welkom geheten, maar bestaat de begroeting uit een van de volgende reacties op de introductie van de leverancier (trainer):

'O ja, daar heb ik van gehoord, ik zal Johan even bellen want die is er nog niet.'
'Maar dat begint toch pas over anderhalf uur?'
'Dat is in het zaaltje boven.'
'Wilt u daar even wachten?'

Ik denk dat iemand met een pakketje, een monteur van keukenapparatuur, of *iemand met een afspraak met de eigenaar* ongeveer dezelfde entree maakt in deze bedrijven. Jammer, want ook al introduceren deze *leveranciers* zich direct als iemand anders dan een gast, in zekere zin zijn ze dat natuurlijk ook. In ieder geval zouden ze het bij een volgend bezoek wel weer kunnen zijn, maar dat gebeurt natuurlijk niet vanzelf.

Een aantal jaar geleden werkte ik voor een uitzendonderneming die zaken deed met Kasteel de Hooge Vuursche in Baarn. Dit prachtige kasteel in de bossen tussen de Lage Vuursche en Baarn is vooral erg in trek als huwelijkslocatie. Het viel me op dat wanneer ik daar kwam, of ik nu een uitgebreide bespreking had of alleen iets kwam afgeven, ik er altijd bijzonder hartelijk werd ontvangen. Ook kreeg ik een kop koffie aangeboden door de eerste de beste medewerker die mij bij binnenkomst signaleerde. Dat gaf een goed gevoel, en ik reed dus ook altijd met plezier naar deze klant toe. Toen ons uitzendbureau op een dag niet genoeg mensen kon leveren, bood ik aan zelf te komen werken die dag, en in de kleedkamer leerde ik een mooie les.

Daar hing op een locker ongeveer de volgende tekst:
'Iedereen die hier komt krijgt altijd koffie. Of het nu de postbode is, of een aanstaand bruidspaar op oriëntatiereis voor een locatie. Iedereen, altijd. Onthoud dat ook de postbode, de elektricien of de monteur op een dag gaat trouwen of 25 jaar getrouwd is.'

Dat was een les die nog altijd door mijn hoofd spookt als ik ergens als trainer kom werken en de zakelijke reacties aanhoor. Het gaat mij overigens niet om het vinden van een huwelijkslocatie, die heb ik al gevonden! Wel gaat het mij om de benadering van een gast in je bedrijf. Een leverancier weet waarvoor hij komt, en iemand doet datgene wat hij komt doen met nog veel meer plezier, aandacht en toewijding als hij bij binnenkomst wordt ontvangen met koffie! Of met de vraag of hij het gemakkelijk heeft kunnen vinden, een voorspoedige reis achter de rug heeft of na de lange rit misschien eerst gebruik wil maken van het toilet. Gelukkig zijn er ook veel bedrijven waar ze dit nou juist wel snappen en waar leveranciers ook vaste gast zijn!

88 Iedereen die binnen is geweest, is een potentiële ambassadeur van je bedrijf.

89 Juist je leveranciers zijn medeverantwoordelijk voor je product, dus heel belangrijk.

90 Geef niemand een 'leveranciersbehandeling'.

91 In een horecabedrijf is iedereen gast. Ook je collega, ook de postbode.

92 Als je het eenmaal ziet, zie je het nooit meer niet.

25 EEN HEEL MOOI CAFÉ

Het grootste deel van de vorige eeuw was er in Soest een heel bijzonder café. Er is geen horecabedrijf waar ik in mijn leven zoveel over heb gehoord, zonder er ooit te zijn geweest. Het bestond al niet meer toen ik werd geboren. Toch weet ik heel goed waar ze het over hebben, als er in mijn familie wordt gesproken over *het café*.

Het café stond op de plek waar nu een appartementencomplex staat, naast treinstation Soestdijk. In de jaren '50 werd er geadverteerd met de slogan: *'Goed aangeschreven adres voor handelsreizigers.'* Dat zat dus wel goed.

Links van het café lag het treinstation en aan de andere kant, rechts van het café, het politiebureau. Daarmee was het café vaak de eerste stop voor mensen die een nacht hadden doorgebracht in de politiecel. Konden ze gelijk bedanken voor de heerlijke maaltijd in de cel, die het café in opdracht van de politie verzorgde voor arrestanten. Waren zij welkom? Natuurlijk, in beginsel is in een goed café iedereen welkom.

Het café was een plek waar een dronkeman geen biertje meer kreeg, en openingstijden werden gerespecteerd. Een plek waar het uitbatersechtpaar altijd aanwezig was, in ieder geval een van de twee. En als de heer des huizes weg was? Dan was hij bezig met biertap- of met biljartwedstrijden. Als deelnemer of als jurylid. Eigenlijk dus ook aan het werk.
Het café stond in de weide omgeving bekend om de perfect onderhouden Wilhelminabiljarts die op hoog niveau werden bespeeld.

Het was een café waar de hele familie meewerkte, en waar je ook prima iets kon eten. Zo'n zaak waar je bij naam werd aangesproken. Waar je thuiskwam. Waar je als vreemdeling werd gevraagd of je kon klaverjassen. Zeker als er een man te weinig was. De glazen werden hier gespoeld in het helderste water. De getapte biertjes waren altijd op wedstrijdniveau getapt door de Nederlands kampioen.

Aldus de verhalen uit de overlevering... Ik ben er nooit geweest. Ik denk dat het een heel mooi café was. Een café waar er nog maar weinig van zijn. Maar wat is er mooier dan een café dat er niet meer echt is en alleen in je hoofd bestaat? Je kunt er onmogelijk dronken worden, het is er wel altijd gezellig en je komt er graag in gedachten af en toe langs. Je gaat er als het ware aan een tafeltje zitten, schrijf er een stukje en denkt wat na. Dat café zit voor altijd in je hoofd en gaat nooit meer dicht.

Café Centraal sloot op zaterdag 22 april 1971 na 73 jaar. Om plaats te maken voor bijgebouwen van de politie. De naam *Centraal* is bij mijn neef Antonio van den Hengel in de best denkbare handen. Mijn opa Anton overleed in 1985. Mijn oma overleed vorige week op 5 februari 2014 na een lang leven. Ze werd 98 jaar. Haar credo?

93 Verwennen, humor en niet te veel zeuren.

Geweldig toch!

ROOKHOK

Terug naar huis. We waren een paar weken op een warm eiland geweest, het zat erop. Het allerlaatste vakantiebiertje in een airport-bar.

Het cafeetje op dit vliegveld grenst aan de enige rookruimte aldaar. Het is een glazen pui die de achterste hoek, die ooit gewoon bij de zaak hoorde, nu scheidt van de rest. Het ziet er op het eerste gezicht niet eens ongezellig uit; een paar hoge tafels met krukken, dezelfde vrolijke kleuren op de muur. Het staat er alleen helemaal blauw, waardoor de mensen die er stevig zitten door te stomen, ondanks hun vakantiekleurtje wat grauw eruitzien.

Af en toe zwaait de deur open, dan voel je die indringende geur die tien jaar geleden nog zo gewoon was in alle cafés, bedwelmend je hoofd binnenkomen. Die giftige wolk blijft bovendien een beetje om de mensen heen hangen die zojuist in dat hok hebben gestaan en nu langs de tafeltjes in het reguliere gedeelte schuiven.

Een van hen rookte achterelkaar twee snelle sigaretten. Ze had een beetje haast, ze ging er niet '*gezellig*' bij zitten, maar concentreerde zich op haar sigaretten en haar mobiele telefoon. Het was een stewardess herkenbaar gekleed in het blauw, twee strepen op haar pak. Binnen vijf minuten was ze het hok weer uit en toen gebeurde het. Een hoestbui. Verder lopen ging niet; ze hoestte haar longen uit haar lijf. Toen ze was opgehouden en naar adem hapte werd ze overvallen door een tweede golf van gehoest en gerochel. Na een poosje was ze gelukkig voldoende op adem gekomen om haar weg naar haar vliegtuig te vervolgen. '*Klaar en uitgerust*' voor een werkdag in de lucht.

Tijdens de discussie over rookhokken en roken in de horeca moet ik op de een of andere manier steeds denken aan dit voorval. Ik weet niet precies wat ik er allemaal van moet vinden maar een paar dingen weet ik wel: 1. Wat ik zag was geen reclame voor de blauwe zwaan. 2. Wat ik zag was helemaal niet '*gezellig*'. 3. Wat ik rook was gewoon heel smerig. 4. Is het beschaafd laat staan respectvol om hokjes in te richten waar mensen zichzelf '*vrijwillig*' ziek kunnen maken?

Het rookverbod in de horeca heeft vele mensen en ook mij persoonlijk veel gezonder gemaakt. Als dat er niet was gekomen, was ik waarschijnlijk nooit gestopt. Ik vond tot 2008 dat roken en horeca bij elkaar hoorden. Nu weet ik beter en geniet ik al jaren van meer lucht en iedere ochtend van een douche zonder hoesten. Zonder rookverbod in Nederlandse horeca had ik op dit vliegveld ook zeker '*even gezellig*' een sigaretje '*met een biertje*' in het rookhok gedaan. Gewoontedier als ik ben.

Hoe '*irritant*' en '*bemoeizuchtig*' en '*onverstandig*' rookverboden in de horeca volgens sommigen ook zijn, er zitten ook veel gezondheidsvoordelen aan voor gast en medewerker. Het redt levens. Door dat helemaal niet te zien en te benoemen, presenteert '*de horeca*' zich voor de zoveelste keer als een branche met te weinig oog voor de samenleving en te veel oog voor het eigen belang.

Gastvrijheid gaat over het goed zorgen voor medewerkers en gasten. Door roken te faciliteren doe je dat nou precies niet!

HORECA EN KRAANWATER. ZO LOSSEN WE DAT VOOR ALTIJD OP!

Achter me zat een man. Alleen aan een tweepersoonstafel, de stoel tegenover hem gebruikte hij als bagagerek en garderobe. We zaten in een à la carte restaurant op een veerboot van Terschelling naar Harlingen. De boot zat tjokvol, maar in dit restaurant was er nog wel ruimte. Hier was er in tegenstelling tot de andere ruimtes aan boord bedienend personeel, een gedekte tafel en zeer comfortabele stoelen.

De man bestelde een glas water. Niet veel later kreeg hij van de bediening een flesje Sourcy. *'Dit wil ik niet, ik had water besteld!'* De serveerster zei gevat: *'O, maar dit is water hoor!' 'Ja, maar dan wel voor een ongelooflijk hoge prijs, geef me maar gewoon kraanwater.'* De serveerster zuchtte diep, nam het flesje mee en gaf de man een glas water uit de kraan. (Die op een boot natuurlijk niet is aangesloten op de waterleiding, maar dat terzijde.)

Mijn vrouw zag me kijken en stuurde me een waarschuwende blik. *'Niet mee bemoeien jij!'*

WAT IS GRATIS?

Waarom denken mensen dat de verkoopprijs alleen maar een afgeleide is van de inkoopprijs? En dus dat alles wat *'gratis'* is voor de ondernemer, niet mag worden doorberekend. Een glas water van €1,50 levert €1,50 BRUTO winst op, een flesje cola van €2,50 levert €2,10 brutowinst op, maar daar klaagt niemand over!

GRATIS LUCHT BIJ DE FIETSENMAKER

Fietsenmakers hebben hetzelfde probleem met lucht. In principe is het een serviceproduct, behalve als het een op zichzelf staande bestelling is. Dan moet je er gewoon wat voor betalen. Dat is wel zo fatsoenlijk.

Bij banden plakken is het vullen met lucht gratis. Alleen een beetje lucht? €1,50? Heeft u het er niet voor over? Er staat een fietspomp buiten!

Naast een ander drankje is een glas water gratis. Wilt u alleen een glas kraanwater? €1,50 Heeft u er niet voor over? Buiten hebben we een kraantje!

In een horecabedrijf kun je alle kosten die je maakt alleen maar dekken met de vergoedingen die je vraagt voor eten en drinken. Als mensen dan vervolgens gratis willen eten of drinken, dan gaat het mis en maak je verlies en moet je op een dag sluiten. Dat is niet zo moeilijk toch?

DIT ZIJN DE OPLOSSINGEN

Dit vind ik de meest sympathieke oplossingen voor kraanwater in een horecabedrijf:
- Naast een betaalde consumptie serveren wij met plezier een kosteloos glas kraanwater
- Drinkt u alleen een glas kraanwater of aanmaaklimonade? €1,50
- Voor €3,00 per persoon serveren wij u onbeperkt (bruisend) mineraalwater
- Een flesje water voor onderweg is kosteloos verkrijgbaar bij het verlaten van onze zaak!

En ook dan zijn er ook nog veel mensen die het niet snappen hoor. Maar vraag jezelf ook eens af, wat heb ik eigenlijk aan gasten die niets anders willen drinken dan gratis kraanwater?

'HELEMAAL GOED!'

Ik moest ook die avond rond de klok van zeven een presentatie geven, dit keer in een restaurant onder de rook van Arnhem. Zonder stress en fileleed rijd ik dan vaak al om een uur of drie weg uit Amsterdam en zoek een plek in de buurt waar ik nog wat kan werken en iets kan eten.. Deze keer had ik afgesproken met een oude vriend die in deze omgeving werkt, lang niet gezien, gezellig!

Mijn vriend had zijn hond bij zich en met z'n drieën liepen we door de hoofdstraat langs een paar winkels en horecazaken. Aan de overkant van de weg zagen we een wat donkere zaak met een goed gevuld terras voor de deur. We besloten daar te gaan zitten, maar wel binnen; het was best warm in de zon. Mogen we binnen zitten? vroeg ik. Serveerster: *'Helemaal goed!'* En is de hond ook welkom? *'Helemaal goed!'*
Ze kwam aan onze tafel en vroeg wat we wilden drinken. We bestelden een grote fles spa rood: *'Helemaal goed!'* Ook vroegen we een bakje water voor de hond: *'Buiten staan bakjes water voor honden. U mag er zelf eentje pakken!'* Ze liep vervolgens weg. Mijn vriend Thomas stond op, liep naar buiten en met een vies gezicht kwam hij terug met een hondenbak geklemd tussen zijn duimen en wijsvingers. Hij zette het voor zijn hond neer en liep weer weg: *'Even handen wassen.'*
De serveerster bracht de Spa en informeerde nog even naar het hondenwater. *'Is het nog wel koud?'* Ik vertelde haar plagerig dat ik het nog niet had geproefd en dat mijn vriend even zijn handen aan het wassen was. *'Helemaal goed!'* Ze had niet verstaan wat ik had gezegd. Terwijl ze wegliep vroeg ik haar nog of we de menukaart mochten. *'Helemaal goed!'* riep ze.
We kregen even later de kaart, allebei een andere. In de kaart van Thomas ontbraken een paar insteekvellen waaronder de voorgerechten en een pagina met

hamburgers. De kaarten waren beiden wel even vies, ze bevatten een keur aan voorproefjes van de gerechten zal ik maar zeggen en waren bovendien uitgevoerd in een keur aan lettertypes en verwijzingen. Zo was de in het driegangenkeuzemenu (€29,75) opgenomen carpaccio een kleine portie maar tegen een meerprijs van drie euro kon dat een normale worden, zo leerde het verklarende sterretje onderaan de pagina.

We keken onze ogen uit maar besloten het toch maar niet te doen. *'Zullen we weggaan en gaan eten bij die zaak waar we net langsliepen? Waar ze met het personeel op het terras zaten te eten? Die zullen nu wel open zijn.'*

'Heeft u een keuze gemaakt?' vroeg de dame aan tafel. Ik vertelde haar dat dit inderdaad zo was en dat de keuze was gevallen op het restaurant aan de overkant. *'O dat begrijp ik wel, helemaal goed!'* Excuses waren niet nodig.

We liepen een paar minuten later het terras op bij *'La Maison'*. *'Goedemiddag, van harte welkom!'* Op onze vraag of onze hond welkom was zei ze: *'Jazeker, en die zal wel dorst hebben. Voor de hond haal ik water en voor jullie?'* Toen ze terugkwam zette ze wat brood met dips op tafel. Ze vertelde over het aspergemenu buiten de kaart en presenteerde ons toen de lijst vol lekkers.

De restaurants verschilden in prijs bijna niks. Voor de rest was het een verschil van dag en nacht. Ik gunde de *'helemaal goed dame'* van de overkant een baan bij de buren. Dit stukje gaat namelijk niet over haar maar des te meer over een ondernemer die zijn zaak laat verslonzen en daar niet alleen gasten maar uiteindelijk ook zijn medewerkers mee benadeelt.

EERDER VERSCHENEN BOEKEN VAN WOUTER VERKERK

Wouter heeft meerdere boeken geschreven over gastvrijheid en horeca, zowel voor professionals als de liefhebbers!

Wouter Verkerk

MIJN COLLEGA KOMT ZO BIJ U ...

90 EYE-OPENERS OVER HORECA & GASTVRIJHEID IN 28 COLUMNS

MET EEN VOORWOORD VAN
MARJON PRUMMEL
HOOFDREDACTEUR MISSET HORECA

In het huidige complexe horecalandschap zijn alle trends en ontwikkelingen te herleiden naar één groot thema: personeel. Personeelstekort, personeelsbeleid, personeel dat een gastvrijheidsbelofte doet en niet nakomt, personeel dat onder leiding van een coach in een team werkt aan een professionele prestatie... En natuurlijk ook personeel dat er niet zo veel zin in heeft: *'Mijn collega komt zo bij u!'* In 28 columns die eerder verschenen in het toonaangevende horecavakblad Misset Horeca, schrijft Wouter over zijn wereld van horeca en gastvrijheid. Anders dan in de oorspronkelijke publicaties werkt hij zijn columns in dit boek uit in praktische handvatten en eye-openers. Dit boek is het derde deel van een trilogie waarvan de eerder verschenen boeken *'Dit is mijn wijk niet!'* en *'Is alles naar Wens?'* de eerste twee delen vormen.

ISBN 978-90-822199-9-9
prijs € 13,95

Verkrijgbaar in de (online)boekhandel, bij horecabo.nl
en op jaarvandebediening.nl en wouterverkerk.nl

WOUTER VERKERK

DIT IS HET JAAR VAN DE BEDIENING...
ECHT!

3e druk

WANT GASTEN KOMEN TERUG VOOR GOEDE BEDIENING!

Wouter's Big5

Gasten komen echt nog eens terug naar een restaurant met goede bediening, zelfs als ze die eerste keer niet helemaal tevreden zijn over het eten. Na een avond op een plek met slechte bediening – hoe goed de keuken ook is – komt een gast daar niet meer terug. Goede bediening zorgt ervoor dat een gast kan ontspannen. Goede bediening is als een regisseur voor de gast. Goede bediening is in grote mate verantwoordelijk voor de sfeer in een horecabedrijf. Als een gast geen vertrouwen heeft in de bediening, dan ontspant hij niet, wordt de sfeer niet goed en verloopt zijn verblijf dramatisch. Dan zie je de gast daar niet meer terug.

ISBN 978-90-822199-2-0

prijs € 12,95

Verkrijgbaar in de (online)boekhandel, bij het SVH en op jaarvandebediening.nl en wouterverkerk.nl.